北野唯我

Yuiga Kitano

これから市場価値が上がる人

ポプラ新書

238

転職、就職、キャリア設計に悩む人へ——

はじめに

世界において価値のあるものは2種類存在すると、私は考えています。

まず1つは、資本主義に「のりやすくて」、価値のあるもの。
もう1つは、資本主義に「のりづらくて」、価値のあるもの。

前者（資本主義にのりやすいもの）はわかりやすいです。いわゆる、サービスや商品など、「役に立つ」ものでお金になりやすい。そのため、市場原理とは相性がいいです。

一方で、後者（資本主義にのりづらいもの）はある意味でわかりづらいです。単純に「値段」がつけづらいからと言えます。たとえば、「青春の日々」というのは、多くの人にとって価値がある事象でしょうが、それは果たして「いくらなのか？」と問われると、答えるのはとても難しいです。

さて、本書のテーマである、働くすべての人に存在する「市場価値」について考えてみます。

これは、先に述べた「資本主義にのりやすい価値」に含まれるかと思います。

さらに、転職・就職領域における「市場価値」を決める大きな要因となるのは「自分の強み」と言えるでしょう。

正確には「成果」につながる自分の強みです。

「この分野なら、誰にも負けない知識と方法論を持っている」
「この実績があるから、新しい商品やサービスを生み出せる」
「この業務のために、最適な人材を集めることができる」

などといった、「自分が得意な仕事」「自分にしかできない仕事」（＝自分の強み）で、成果を上げることが、資本主義において市場価値を高めることにつながります。

となると、その「強み」を噛み砕いて定義するなら、「資本市場の流れにのっていて、お金を稼げる可能性のあるもの」とするのが理解しやすいと思います。

たとえば転職の際、会社が判断したいのは「この人材は、どれだけ自社の利益に貢献してくれるか」という点で、市場における「労働力の価値」をチェックしているとも言えます。

そして、この市場価値を高めれば、「働きたいところで働ける」という自由が手に入るはずです。自分の価値を上げることで、働くことが楽しくなります。


自分の市場価値の分析や転職による市場価値の上げ方の具体的なノウハウは、私はこれまでの著書で説明してきました。

たとえば、基本となる「市場価値の測り方」は、自分の給与の期待値を、
①1人当たりの業界の生産性（その業界にいる人間が1人当たり、どれほどの価値を生み出しているか。またその業界が伸びているか）

②人的資産（会社や組織が変わっても、仕事で活かせる、協力してくれる仲間や顧客などがいるか）
③技術資産（専門性や経験など、他社からも必要とされる高い技術力を要しているか）
の3要素の掛け算で考えるという手法を紹介しています。

本書では、市場価値や働くことの本質を一緒に考えていくために、個人の日々の仕事や普段の生活にフォーカスして話を進めていきたいと思います。
シンプルに言うなら、市場価値を高めるために、「仕事ができる人」「強みを伸ばせる人」になるには、どうやって日々の仕事と向き合えばいいのかということを語っています。

私自身、現在は採用支援サービスを主としたスタートアップ企業で経営実務の業務を担っています。過去には、新卒で入った広告代理店での経営企画局員、経理財務局員としてや、その後転職した外資系コンサルティングファームでのコンサルタントとしての経験があります。

こうした仕事の経験や多くの人とのご縁から感じた気づきを、この混迷の時代にキャリアに悩む人や「自分への評価」に戸惑う人へ向けて、率直に書かせていただきました。


「市場価値」は、「働く人の値段」ともあらわせると思います。

その値段は「給与」や「年収」などといった数字で示されます。

しかし、その数字は絶対的なものではなく、いくつもの要素が重なり合い、掛け合わさった相対的な結果です。

そして、この「値段」のベースとなるのは、当然、個人の仕事の基本スキル、「強み」の有無、組織やチームへの貢献の仕方など、日々の「仕事ぶり」とその成果となります。


20代の方には、自分の仕事における「価値」の意味を正しく理解してもらい、いま大切にすべき「行動と思考」の指針として。

30代の方には、「自分の強み」の最大化、仕事と生活の最適化などキャリアアップへの準備として。

40代以降の方には、チームや組織などにおける立ち振る舞いや現代に適したリーダーシップ、マネジメントの心構えとして。

仕事で成長を目指す幅広い年代の方に本書を読んでいただければ、きっと新たな気づきを得ることができると思います（あくまで年齢は目安なので、それぞれの役割や状況によって参考になるはずです）。

転職や就職、キャリアアップを考える際のヒント、意識してほしい考え方をできるだけ読みやすい形でまとめたつもりです。

パラパラとめくり気になる見出しから読んでもらって構いません。何か1つでも、あなたのキャリアを好転させるきっかけになるような話があれば幸いです。

北野唯我

これから市場価値が上がる人／目次

はじめに　4

第1章　なぜあなたは市場で評価されないのか

市場価値の本質

すべては「価値」の交換である　19
優秀なビジネスパーソンとは「工夫ができる人」　23
「模倣する」ことではなく「盗む」ことに価値がある　28
お金と人が集まる場所を見つけて身を置く
——キャリアの「需給」を読む力　32

正論が通じないのは、「とはいえ……」を意識していないから　38
「習慣」を見直せば、新しい「天性」が手に入る　41
転職する際に見落としがちな2つの注意点　45
自分だけの「スリーポイントライン」を決めてみませんか　49

第2章　「悩み」を「強み」に変える思考法

「成功」はわからないが、「成長」は約束することができる　55
会議の場で一目置かれる発言をする方法　55
——「思考のじゃんけん」とは　58
迷ったら「巨人の肩」に乗ってみる——先人たちの理論の重要性　63
本は「登場人物を分けて読む」——理解を深める読書法　68
超一流のコンテンツは何度も繰り返してインプットする　72
若い人ほど「恐怖」と「嫉妬」をマネジメントしよう　76
必要不可欠な存在になる方法——「商売の見つけ方」に学ぶ　83

プロに教えてもらう「最大の価値」――本質的な課題が見つかる　89
「歴史」と「未来」の両方から学ぶことが大事　94

第3章　市場価値を最大化できる人は「これ」をやっている

「ビジョン型」のプロジェクトこそ「定例作り」が重要　101
目標は分解せよ――「OKR」が生む真の効果とは　107
目標設定の精度を上げる――「期初は目標、期末は期待値」　113
ピンチからチャンスへ好転しやすくする3つの方法　116
効果的にインプットできる「教えるつもりメソッド」　122
「マスト1」を決める――マルチタスクのコツ　125
「緊急ではないけど重要な」タスクをどうするか　130
対話する相手のレベルを変えれば、新しい視座が得られる　135
「ニーズから話す技術」でリーダーシップが高まる　139
「信頼」と「信用」の違い　143

個人は信頼する、社会は信頼しない　148
「信頼される」とは「一貫している」こと　153
「エフェクチュエーション」から学ぶ人的資産を育てる重要性　156

第4章　チームの価値を上げるためにあなたができること

「大きな組織や集団を動かす」には「とにかく実例を作る」のが得策　165
「居場所」と「役割」を現場から生む方法　171
「抜擢」が組織にとって必要な理由　175
メンバーの価値観を知ることで、チームのパフォーマンスは上がる　180
長期的な人間関係を築く極意は「周りの人を出世させること」　184
そして○○になる――やっぱり「ポジションが人を作る」　188

第5章 「価値あるもの」の前提を見直そう

自分の進む道を見誤らないように

失敗の前提を見直す 195
「思考のチューニング」をしよう！ 199
「言行一致」を求めすぎ問題 204
「両忘」という視点を持つことで、「二者択一」で考えない 208
感情の奴隷にならないためには、「それをやる意味」を知ることが必要 211

おわりに 216

カバーデザイン　杉山健太郎
カバー写真　遠藤素子
編集協力　平格彦
校正　東京出版サービスセンター
DTP　アレックス

第1章

なぜあなたは市場で評価されないのか

市場価値の本質

「市場価値が高い人」とはどんな人なのか？
これを一言で言い表すことはとても難しいですが、共通している特徴はあります。
これからの時代、より自分が望むキャリアを形作っていく上で
必要だと感じる基本的な考え方、行動をまとめました。
若い世代は「働くこと」についての指針として、
自身のキャリアについて悩んでいる方は、
初心に帰るつもりで改めて考えていただければ嬉しいです。

すべては「価値」の交換である

すべての経済活動というのは、基本的に「価値の交換」だと私は思います。

たとえば、「働く」ということは自分の技術や時間を提供することで給与をもらっています。あるいは、「物を買う」という行為はお金という価値を払うことで商品という価値を得ている、ということです。

「Aが与える価値＝Bが与える価値」。こういう状態が基本的には常に成り立っているわけです（当たり前といえば、当たり前ですが）。

私はこの資本主義社会の本質である「ビジネス＝価値の交換である」ということからは絶対に逃げてはいけないな、と常に思っています。

これは金銭的なお話だけではありません。

インフルエンサーを例に挙げると、オリジナリティがあり、ポジティブに新しい情報を常に発信できる魅力的な人には、自然と人（フォロワー）が集まります。

また、あなたの職場やビジネスの現場にもいるかもしれません。

明るい人や話すだけでエネルギーを与えられるような人のもとには、必ずといっていいほど、たくさん人が集まってきて、結果的に仕事をうまく進めていきます（そして、確かな成果も残します）。

この理由も同じで、「明るい」「前向き」という価値を提供するからこそ、その人は「人からの好意」という価値を得られます。

しかし、この「ビジネス＝価値の交換である」ということを忘れてしまうと人は必ずといっていいほど「他責になる」とも思います。

それはつまり、「自分が与えたもの以上のものを、誰かからもらおうとする」という方向でしか物事を考えなくなったり、与えたものに対してすぐに（その場で）見返りを求めてしまったりするわけです。

これは「価値の交換の時間軸がずれている」とも表現できます。

一方で、人間は強欲でもありますから「何も見返りを求めるな」というのはかなり難しい話です。ですので、それは無理だとしても、「結局、すべては価値の交換だ」と思ったら少しは楽になる気がします。

わかりやすく言えば、「自分の給与が低すぎる」とか、「誰も自分を好いてくれない」などというのは、実は自分がそれ相応の価値を周囲に提供できていないことがほとんどなのです。

つまりは、「求めすぎている」ということ。

では、どうすればいいのか？　考え方として２つあると思います。

まず１つが仏教用語の「小欲知足」。いわゆる「足るを知る」です。今あるものに目を向ける、これはわかりやすい考えです。ただ、現実的には取り入れづらい面もあるでしょう。それに正しい欲があることは強みにもなります。

もう一つは、「投資」の概念を持つ、ということ。

では、価値の交換における「投資」とはどういうことか。これは「時間軸を変える」ということだと思います。

というのも、価値の交換に対して不満を持つときは、自分が与えたものの成果や効果を得るまでにかかる時間が影響を与えているケースが考えられるからです。

教育はまさにその１つと言えます。

すぐに勉強したからといって「価値」を回収できるわけではないですが、長い目で見ると効果は確実に何倍かになって返ってくることが多いです。私はこれが教育や勉強の本質だと思います。

つまり、「投資と費用は全然違う」ということを理解するイメージでしょうか。

「費用」＝すぐに価値の交換を求めること
「投資」＝時間軸を長くして価値の交換を求めること

このように整理するとわかりやすいはずです。この「投資」的な考え方ができる人は教育や勉強をただの費用とは捉えずに「長い目で見たときの投資である」と理解しているはずです。

さて、私たちは普段から短期的な視点だけではなく、長期的な視点を組み合わせてきちんと「価値の交換」を意識できているでしょうか。これを意識するだけでも、ビジネス上のトラブルや食い違いを防げるケースもあるはずです。

とくに若手の方や経験の浅い方、新しい領域にチャレンジする際などには、思い込みを取り払い、「価値の交換」の時間軸について整理してみることをおすすめします。

優秀なビジネスパーソンとは「工夫ができる人」

20～30代の若手の方やこれからキャリアアップを目指す方たちによく投げ掛けられる質問があります。

それは「市場価値の高い優秀なビジネスパーソンの定義は何ですか？」ということです。まず、この質問への本質的な回答としては、次の2つが挙げられます。

・どこでも食べていける人
・どこに行ったとしても必要とされる人

基本的に、仕事は誰かに必要とされ成立していくので、特定の会社や人、組織に縛られることなく、どんな状況、環境でも「常に必要とされる自分であること」がもっとも大事だと思います。

そして、そのためには「努力ではなく、工夫ができる人」になるということが1つ重要な要素だと思っています。努力するのは大前提としてありながらも、自分の頭で考えて、試行錯誤しオリジナルの手法を見つけることが、確かな結果、成果につながるはずです。

「努力する」と「工夫する」の違いは、本質的な部分で、「勉強する」と「学ぶ」の違いに近いかもしれません。

私は学生の方向けに授業や講演をやらせてもらう機会もあるのですが、そんなときによく「ほとんどの人が、『勉強すること』と『学ぶこと』の意味をわかっていない」という話をします。

では、その違いの根本的なものは何かと言うと、まずは「目標」があるかどうか、ということです。

教わったことをそのまま行うのは「勉強する」、自分で決めた目標があって、そのプロセスの中で得ていくのが「学ぶ」ということです。

「アセット（資産、財産）を得るために勉強する」という人が多いのですが、本当は「目標を目指して努力する中でアセットを得て、そのアセットをまた別の目標に対して活用する」ことこそ重要。その結果として、私たちは成長していけます。

たとえば、「甲子園出場」を目指す球児がいるとします。

「自分が甲子園に行くためにはどうすればよいか？」と考え、ピッチングやバッティングを練習するから野球が効率よくうまくなるのだと思います。そうして得た技術こそ、その後の試合でも役立つようになる。

一方、多くのビジネスパーソンは、まず「ＴＯＥＩＣを勉強しよう」などと考えがちです。これは、前述の甲子園の例で言えば、（目標もなく）とりあえず「素振りをしよう」と頑張ることと同じようなもの。

「甲子園出場」といった高い目標に対して、どうすればそれを達成できるのか……と考えるプロセスこそが工夫です。

「とにかく素振りをしなさい」と言われて努力できるのは、「言われたことができる人」であって「工夫できる人」ではありません。

経営者やマネジメント層、人事、またチームのメンバーからの目線で見たとき、どちらの人と一緒に働きたいかと言えば、間違いなく「工夫ができる人」です。

もちろん、「言われたことができる人」は必要ですが、これは代替可能です。

少なくてもビジネスの世界では「努力」よりも「工夫」に価値があるのは間違いあ

りません。それはぜひとも知っておいてほしい真実だと言えます。

さて、具体的に「工夫する」方法を考えるときのヒントとしては、まず、目の前の仕事を「Why」と「What」と「How」の3つに分けることから考えてください。

「Why」は志のようなものなので、「なぜ、その目標を達成するのか」ということなので、頻繁に変わるものではないと思います。「会社の売上に貢献するため」「自分のキャリアアップのため」などが挙げられます。

「What」は自身が置かれた状況によっては変わることがあります。営業職でしたら、「何を売るか」が変わることもありますし、マーケティング担当から営業担当に変わるようなケースもわかりやすい例でしょうか。

そして、「How」を変えることこそ典型的な「工夫」と言えるでしょう。これまではAという営業手法を取り入れていたものの、A´やBの手法でやってみるというケースです。

この「How」の領域は、それぞれの仕事によって、無数の種類、やり方が存在するかと思いますが、ここでは誰でもすぐに変えることができる1つのコツを紹介します。

新入社員でも経験が浅い方でも、誰もが「工夫」できるのが「タスクの時間を短縮する」ということです。

当然、あるタスクを同じクオリティで仕上げられるなら、時間が早い人に仕事を頼みたいと思います。

たとえば「営業の提案書を作る」「プレゼン資料を作る」「契約書をチェックする」「販売データを分析する」など、日々の業務は尽きません。

私は若手の頃、「とにかく各タスクの時間を記録する（計る）」ということを行っていました。

「これは30分以上かかると思っていたけど、実際は20分で終わったな」というように、細かいタスクも含めて所要時間を洗い出し、データを積み重ねていったのです。

それを分析してボトルネック（最大の阻害要因）を解決すれば、自ずとタスクを実行するスピードが上がり、早く終わるようになります（そして、浮いた時間は、別のことに使えます）。

「模倣する」ことではなく「盗む」ことに価値がある

個性的に見えるイチロー、スティーブ・ジョブズやビル・ゲイツ、孫正義でさえ、実はモデリングした人物がいたと言われています。

心理学における「モデリング」の定義は、「何かしらの対象物を見本（モデル）に、そのものの動作や行動を見て同じような動作や行動をすること」です。

簡単に言い換えるなら「素直に真似をしてみる」といったところでしょうか。

私自身の例で言うと、初めての著書『転職の思考法』（ダイヤモンド社）を書き上げる際に、制作途中でモデリングを取り入れました。

そのきっかけは、最初に原稿をまとめたときにもらった編集者からのフィードバックです。

「黒岩（コンサルタント）のセリフを、もっとパンチが効いたフレーズを連発するようにしましょう」と言われたのです。

読んでいない人のために説明すると、『転職の思考法』は転職に必要な思考法をストーリーで解説しています。青野という青年が、黒岩という敏腕コンサルタントに相談しながら物語が展開していく形式です。

編集者からのフィードバックには続きがありました。

「桜木先生はパンチのあるフレーズをまず言ってから、その後に具体的な解説をします。そういう構文にしたいですね」

桜木先生とは、漫画『ドラゴン桜』の主人公、桜木建二のことです。『ドラゴン桜』を読んでみるとわかりますが、桜木先生はいつも「キャッチーなことを言う→解説する」という流れで話しています。そうすることで読者の興味を惹くわけです。

納得した私は、その構図を参考にしながらセリフの順番を入れ替えました。その結果、注意喚起ができて最後まで興味を惹きつけながら読んでもらえる文章になったと思っています。

まさに、桜木先生をモデリングして黒岩というキャラクターにインストールしたと言えるのではないでしょうか。

私が好きなパブロ・ピカソも次のような格言を遺しています。

「優れた芸術家は模倣し、偉大な芸術家は盗む」

あえて定義すると、「模倣」とは「表面的な部分をそのまま使うこと」。一方、「盗み」とは「技術そのものを真似して取り入れること」だと思います。

前述の黒岩のセリフの例で言えば、

「模倣」＝セリフ、言葉、そのものを真似する（パクリとも言える）

「盗み」＝セリフの順番、構文を参考にして、内容自体はオリジナルのものにする
と説明できるでしょう。

さらに言うなら、「模倣」は「情報をコピーすること」で、「盗み」は「技術をコピーすること」ともあらわせます。

では、「情報のコピー」だけに終わらず、「技術のコピー」まで昇華させるには何が必要でしょうか？

いくつか答えはあるかと思うのですが、あえて1つ挙げるとすれば、それは「意志があるか、ないか」ということです。

コロナ禍の自粛要請で新卒採用の対面での合同説明会がすべて中止になり、

YouTubeを使った「企業説明会ライブ」を企画、構想翌日にリリースを出して実施したときのことです（119ページ参照）。

リリースから2〜3日後には、次々と各社が同様のコンテンツを発表し、後追いで「真似」されたのです。YouTubeの参入障壁は低いので、予想の範囲内でした。

このとき確信したのは、ただ模倣して作られたプロダクトと意志を持って作られたプロダクトは「魂の入り方がまったく違う」ということです。

このときは何より、「自分が大学生やその保護者、関係者だとしたら、社員からの生の企業情報が得られないなんて、絶対に不安だよな……」というペイン（痛み）を解決しなければという強い決意や使命感に駆られ即行動しました。

そこには、確かな意志が宿っていました。

そのため、結果的にわれわれがトップのシェアを一気に獲得できたのだと思います。

思考停止状態による「真似」は、ただのパクリで終わってしまいます。

何を解決するために、何を成し遂げるために「真似」をするのか、その答えが自分の中に具体的に落とし込めていれば、自ずと「真似」から「オリジナリティ」が生まれモデリングは成功するはずです。

お金と人が集まる場所を見つけて身を置く――キャリアの「需給」を読む力

自分のキャリアを形作る上で大切な視点の1つが「人材の需給バランス」です。

需給とは「需要と供給」のことで、わかりやすく大まかに説明すると……

・需要とは「それが欲しい！」と思う人の量
・供給とは「それを与えたい！」と思う人の量

と言えます。

そして、両者のバランスが「需給バランス」です。

たとえば「営業」という職業。

営業はどの企業、業種にも必要な職種なので、世の中に営業職の需要は大量にあります。採用したい企業がたくさんあるということです。

その意味では、営業経験が豊富で実績がある人は食いっぱぐねるリスクは低いと言えるでしょう。ただし、採用数が多いからこそ営業経験者は多く、供給数も大量にあります。そのため、需給バランスはほぼ均衡していて、記号であらわすと……

「需要≒供給」

というイメージになります。そのため、何かしらの「掛け算」となるような要素を付け加えることが必要になります。

一方、専門性の高い「弁護士」や「医師」、「クオンツ」といった職業はどうでしょう。

弁護士や医師は国家資格のため供給数がコントロールされています。また、需要数は人口や平均寿命とほぼ比例していると思われます。つまり、需給バランスは……

「需要＞供給」

となるでしょう。

もう1つの「クオンツ」とは、高度な数学的手法で市場、金融商品、投資戦略などを分析する職業のことです。

需要自体は多くありませんが、供給数はさらに少なくなります。つまり、バランスで考えるとこちらも……

「需要＞供給」

となります。

需要に供給が追いついていない専門性の高い職業は、売り手市場。だからこそ、高給になりえるのです。

また、この「需給バランス」が崩れることが原因で、会社で行き違いが起こるケースも出てきます。

「頑張ったのに給料が上がらない！」、「残業して働いているのに評価されない！」といった不満の9割以上は、供給サイドの視点だけで考えているからだと思います。需要と供給の差分が不満の原因となっているのです。

「それが欲しい！」という需要サイドからすると、供給サイドが与える「何か」が足りないわけです。このように冷静に整理して考えてみると、不満が解消されない答えも自ずとわかるのではないでしょうか。

とはいえ、今すぐ仕事の需給バランスを変えるのは簡単ではありません（今から急に医者や弁護士にはなれないですよね）。では、どうすればよいのでしょうか。

とくに若い世代に伝えたいのは、「伸びているマーケット」にできる限り早く身を置くのが重要ということです。

なぜなら、そこには「お金」と「人」が集まってくるからです。

最近の事例で言えば、数年前まではスタートアップ企業にお金と人が集中していました。

大企業からスタートアップ企業に転職する人が明らかに増えていましたし、東大や京大の就職ランキングにもスタートアップが入っていました。

どうしてスタートアップのブームが起きていたかというと、「伸びているマーケット」だったから。さらに正確に言うと、「伸びていくとみんなが信じているマーケット」だったからです。

まず、「伸びているマーケット」には大量のお金（投資）が入ってきます。

大量のお金を元にして優秀な人材を採用するので、人もどんどん集まってきます。

さらに、優秀な人材が集まると利益が増えて事業が成長するので、お金はさらに集まります。そうすると、さらに優秀な人材が集まり……という好循環が生まれます。

急激に伸びるマーケットや企業というのは、こういうサイクルで成長していくものです。

「お金」と「人」が集まる「伸びている場所」は、「伸びていくとみんなが信じている場所」であり、「需要の拡大が予測される場所」です。

つまり、身を置くべき場所を決めるためには需要の拡大を予測する必要があります。そして、そのためには「需給バランスを読む力」が必要です。

本項の最後に、「これから成長していく企業、事業を見抜く」ための具体的な方法を1つお教えします（就活生には、機会があればよくお伝えしているポイントです）。

転職、就職の際に、「前年度と比べて、売上が20〜30％以上伸びている会社かどうか」を、企業を選ぶ基準にするのがおすすめです。

上場企業であれば、何％の成長率であるか、ホームページのＩＲ資料から確認することができます。ベンチャー企業であれば、社員にアポイントをとって、成長率を直接聞いてみるのもいいかもしれません。

当然、前年度対比30％以上伸びている企業は、その成長率が3年続けば、100％を超える数字になります。

データから見て「伸びている」、または「さらに伸びるであろう」会社と言えるので、人材の需要も広く多い可能性が高いです。

これから、自分自身が納得できるキャリアを構築していくためにも、時折は立ち止まって、現状のスキルや仕事の仕方など、市場における「需給バランス」について考えてみることをおすすめします。

正論が通じないのは、「とはいえ……」を意識していないから

ビジネスや職場で、正しいと思っていることが通じなかったり、自分の考えが受け入れられなかったりすることはありませんか。

正論を言っているのに受け入れられないことが多いなら、課題や本質だけでなく、その周辺にある「とはいえ……」を意識してみてください。

端的にあらわすと、ここで言う「正論」は「ロジック」、「とはいえ……」は「感情」のことです。

私は企業の役員としてサービスや事業の設計にもかかわっているのですが、そこでも皆にとって共通した目に見える課題だけでなく、極力「とはいえ……」を意識するようにしています。

あるプロジェクトでメンバーに動いてもらいたいときに、「正論」ばかり述べて、ロジックを説いているだけでは、チームがいい方向に進まない場合があります。

「それ（正論）はわかっているんですけど……」といった心境で、目に見えない感情

的な不安や不満がくすぶっているのです。

「スケジュールは無理のない範囲で」「専門性が高い部分は専門家のアイデアを借りよう」など「感情」の部分をフォローしてあげると、とたんに事業が活性化して物事が進んでいくことがあります。

また、たとえば新製品のテレビを販売したいとして、「リモートワークで家にいる時間が長くなっても生活が充実します」「技術が進化して映像が美しいです」「オリンピックが大画面で見られます」など、わかりやすい課題や不満を解決に導く提案をするところまではできているケースがほとんどです。ただし、その周辺にあるいくつもの「感情」も重要だと言うことです。

「とはいえ、値段が高くて買えない」や「とはいえ、きっと設置や設定が面倒くさいんでしょ」という意見が出そうだと想定しておけば、「支払いは……」「設定も……」と対策を練っておくことができ、新しいコミュニケーションにつながります。

「とはいえ……」まで意識して設計に織り込むことが重要なのです。

冒頭の話に戻すと、正論を言っているのに受け入れてもらえない場合は、こうした「とはいえ……」まで意識していないケースが多いと思っています。

「会社はこうあるべき」「組織はこうあるべき」「サービス、製品はこうあるべき」という主張が正しいとしても、「とはいえ、～だからできない」という理由や感情が周辺におそらく10や20はあるものなのです。

正しい意見を通したいなら、状況を俯瞰し、その周辺の「とはいえ……」まで考えて提案、フォローしてみることが解決の一歩になるかもしれません。

「習慣」を見直せば、新しい「天性」が手に入る

皆さんは「天性」というものについて、どう考えているでしょうか。

生まれながらの素質、幼いときに獲得した才能は、その後の人生にも大きく影響を与えると思うでしょうか。

私は、肉体的な制限を受けやすい分野では天性の影響が大きいと思っています。スポーツ、格闘技、音楽などは、骨格や遺伝子の影響でアウトプットが決まりやすいのではないでしょうか。

ただし、天性や才能は上下や高低より「性質」と捉えるのが正確だと思います。

そして、「性質」と「環境」がマッチすると、信じられないような成果につながるのだと思います。

では、「性質」とは何でしょう。

それは「意識しないでも自然にやっていること」「監督者がいない状態でとりやすい行動パターン」「誰に言われるでもなく好んでやること」にあらわれると思ってい

ます。

私は普段から、「監督者がいない状態で自分がどういった行動をとるのか（とれるのか）がとても重要だ」ということを意識しています。

たとえば、会社での仕事には上司などの監督者が存在します。上司をはじめとする誰かに見られている状況での行動は、他者からの影響を少なからず受けます。

一方、監督者などがいない状況では、他者からの影響を受けません。その人の内発的な動機づけで行動を選びとっています。それこそ「性質」からの行動でしょう。

私の場合、誰かに評価されるかどうかに関係なく、「世の中が動く構造を知りたい」という気持ちが強くあります。そのため、気になったことは徹底的に研究します。

これこそ「性質」からの行動です。

そして、ビジネスでも何でも、そういう「性質」をうまく活用して「他人が喜ぶこと」につなげると、成果が出やすくなります。

なぜなら、ヒットポイント（＝体力）が減りにくいからです。

「性質から生まれる行動」は、「他人に見られていなくてもやり続けられるような行動」なので、ほとんど疲れを感じません。

たとえば、「データ分析が苦にならず、つい何でも調べてしまう」という人なら、営業チームの一員として製品の売れ行きを分析し共有するような業務は、きっとストレスも少なく、成果や評価につながりやすいでしょう。

そうした自分の「性質」を成果につなげられるようになると、周囲からはその能力のことを「天性」と呼ばれるようになるのだと思っています。

ただし、もう1つの「天性」もあります。

皆さんは、「習慣は第二の天性なり」という言葉を知っているでしょうか。

ヨーロッパで広く知られていることわざ「Habit is a second nature.」を訳したもので、古代ギリシャの哲学者であるディオゲネスの言葉という説と、古代ローマの政治家・哲学者であるキケロの『至善至高論』が起源という説があるようです。

いずれにしてもこの言葉は、「繰り返すことで身についた習慣は、生まれつきの性質と変わらなくなる」といった意味です。

私自身、この言葉を初めて知ったとき、とたんに前向きな気持ちになりました。

「天性」は生まれつきで不変なものと思いがちですが、後天的に身につく「習慣」も「第二の天性」だとしたら、かなり希望が持てます。

世界的なベストセラーである『7つの習慣』は、人格を磨くための基本原則をまとめたものですが、その内容がいっそう重要に思えるのではないでしょうか。

たとえば、ブッダは「優れた戒律を持つこと」をとても重視したそうです。戒律とは「戒」と「律」。「自分の中のルール」と「組織の中の行動規範」です。それらを徹底して繰り返せば「習慣」になって「第二の天性」になると考えたのかもしれません。

また、トヨタの「KAIZEN」という活動や、「なぜを5回繰り返す（5why）」という分析手法なども、繰り返すことで習慣化します。法人も人格を持つと考えれば、「法人の習慣」＝「企業の第二の天性」となるわけです。

「習慣が大事」といった言葉は耳にタコができるほど聞いてきたかもしれません。しかし、「習慣がなぜ大事なのか……」と、それこそ5回繰り返して深掘りしたことはないのではないでしょうか？

歴史に残る言葉の通り「習慣は第二の天性」だとしたら、自分の習慣や会社のルールなどについて改めて考え、日々の言動やルーティーンを見直す価値は大いにありそうです。

転職する際に見落としがちな2つの注意点

私の仕事上、いろんなところで「転職する際に気をつけることは何ですか？」といった質問を受けます。

ここでは、実際の転職先の選び方やキャリアについての考え方ではなく、実は見落としがちな転職時の注意点を2つ挙げたいと思います（これまで多くの転職者と接して感じたことです）。

1つ目は、転職後の「固定費を上げすぎない」ことが重要だと思っています。

転職で給料が上がるとしても、それに釣られていったん固定費を上げてしまうと、その後にチャレンジがしにくくなるからです。

私自身、新社会人になった1か月目からあえて固定費を抑えるようにしていました。

固定費を抑えると、その分だけキャッシュが生まれます。それを自己投資や貯蓄に回すようにしていました。

すぐには必要ないとしても、まとまったお金が必要な状況や、何かにチャレンジしたくなったタイミングで、「いつか貯めたお金が役立つときがあるだろう」と考えたからです。

実際、私は固定費を抑えていたからこそ、海外に行くというチャレンジが実行できたと思っています。

もちろん、固定費を上げることが必要なケースもあります。

会社を経営したり個人で事業をしていたりすると、攻めのフェーズで会社のオフィスを移転して拡張すべきタイミングもあるかもしれません。

オフィスのレベルを上げれば固定費は上昇しますが、そこに集まる人や情報のレベルも上がるものです。また、費用を回収しなければという想いが強くなり、売上や利益を伸ばすモチベーションにもつながります。

さらに付け加えると、固定費を上げざるをえないケースもあります。

わかりやすい例は、お子さんが生まれたとき。その場合は必然的に固定費が上がってしまいますが、「子どものために頑張ろう」というモチベーションにつながるのではないでしょうか。

そうしたケースを除き、転職の際には固定費を上げすぎないようにするのがおすすめです。その先の一歩が踏み出しやすくなるからです。

あるとき、後輩から「収入を上げるためにいろいろと環境を変えてみたい」と相談を受けました。できれば転職をして、副業を始め、家も引っ越したい、と。

そこで私は「3つ同時は変えすぎだからやめておいたほうがいい。1つずつ変えたほうがいい」とアドバイスしました。

なぜなら、変数が増えると計算が立ちにくくなるからです。

何かを変えるときには1つずつが原則。計算できるところはできる限り残して計画を立てたほうがいいと思います。

言うなれば、自分のPLを持つイメージ。PLとは「損益計算書」のことで、企業の決算書の1つです。PLがあれば収益と損失の状況が把握でき、計画が立てやすくなります。

自分自身のPLを持てば、新しいチャレンジでもある程度の目処がつき、計画が立てやすくなるはずです。

転職時の注意点の2つ目は、「辞める会社とは友好的に別れたほうがいい」ということです。

いろいろな事情があるにせよ、ビジネスパーソンとして生きる時間は長いので、短絡的な行動はとらないほうがいいと思います。

たとえ内心では不満や怒りを持っていたとしても、辞める際はかかわった人に「お世話になりました」と丁寧にお礼を伝えるようにしましょう。

誠実さや堅実さは必ずリターンとして返ってくるものです。いつか必ず、きちんと挨拶をしておいてよかったと確信できるときが来ます。

最悪なのは捨てゼリフを吐いて辞めるようなやり方。自分にとっても相手にとってもマイナスで誰も得しませんので、絶対にやめておきましょう。

最後に改めてまとめると、転職をする際は自らの価値を落とさないためにも2つのことに気をつけましょう。

「固定費を上げすぎないこと」と「お世話になった職場の関係者にお礼を言うこと」だけは守ることをおすすめします。

自分だけの「スリーポイントライン」を決めてみませんか

「スリーポイントライン」を見ると、ふと思い出す話があります。

バスケットボールのコートには「スリーポイントライン」と呼ばれる線が引いてあって、その内側からシュートしてゴールが決まれば2点、外側からなら3点になるのがルールです。そのため、ラインの外側ギリギリでシュートするのがセオリーの１つとなっています。

どうしてこんな説明をするかというと、雑誌『Forbes JAPAN』の連載で建築家の谷尻誠さんから伺った話が面白かったのですが、カギになっているのが「スリーポイントライン」なのです。

谷尻さんは幼少期にバスケットボールをしていたそうです。でも、背が低かったこともあってずっと活躍できませんでした。

そんな状況を見かねたのか、あるとき監督が「目をつぶっていても入るくらい、スリーポイントシュートを徹底的に練習して武器にしたら？」と提案したのです。

当時の谷尻さんはその提案を素直に受け入れ、徹底的にスリーポイントシュートを練習しました。

しばらく続けていると、実際に目をつぶったままでも入るくらいスリーポイントシュートが上達します。

意気揚々と試合に出場。何度もスリーポイントシュートを打とうとしましたが、現実はそう甘くなく、ほとんど得点できませんでした。なぜか？　実際の試合では相手のディフェンスにガードされ、フリーでシュートできる機会はほとんどないからです。

この段階で心が折れてしまう人も少なくないでしょう。でも、谷尻さんは違いました。

自分の頭でその先を考え、ガードが堅いスリーポイントラインのギリギリではなく、さらに1メートル外側からシュートを打とうと思いついたのです。

言わば、実際には存在しない「自分だけのスリーポイントライン」を引いたわけです。

今度は、さらに1メートル外側から徹底的に練習。そこからでもシュートが入るように上達しました。

そして試合で実行してみると、驚くほど自由にシュートすることができ、ポイントも決まって大活躍できたそうです。

様々なボーダーラインを越境し、世界から注目される建築家になった谷尻さんの原点がわかるエピソードだと思います。

この話でもっとも面白いと思ったのが、「自分だけのスリーポイントライン」という考え方です。

一般的な基準は誰もが知っていますが、自分だけの基準はほかの人にはわかりません。だからこそ、売上目標でも何でも、自分だけの基準で少し高く設定してみてはいかがでしょうか。

そうすることで、想像以上の結果が出たり、一目置かれる存在になったり、ブルーオーシャンを見つけたりすることができるかもしれません。

実はこの話の教訓はほかにもあると思っています。

「さらに1メートル外側からのシュートを武器にする」という目標を立てただけでなく、それを達成したことです。

以前、ある仕事でＤｅＮＡの創業者である南場智子さんとお話しする機会があり、その中で「仕事ができる人」は「自分で腹から決めた目標は絶対に達成する人」とおっしゃっていたのが印象に残っています。

『内定者への手紙』シリーズ（SHOWS books）や、その5冊のシリーズをまとめた『仕事の教科書』（日本図書センター）でも書いていますが、まず「目標を立てること」は重要です。ただし当然、目標を立てるだけで終わりではありません。

その目標を「達成する」ことも大切。何としてでも達成しようとするからこそ、いろいろ考えたり工夫したりできるのです。

武田信玄のこんな格言もあります。

「真剣だと知恵が出る。中度半端だと愚痴が出る。いい加減だと言い訳ばかり」

真剣に目標を達成しようとするからこそ、知恵を絞り出すこともできるはずです。うまくいきそうな起業家はたいてい、目標に真剣に向き合っている印象です。だからこそ四六時中そのことばかりを考え、少しでも目標達成の可能性が高まりそうなものはすべて取り入れているのではないでしょうか。

目標を達成するためのファーストステップとして、自分だけのスリーポイントトライン、さらに1メートル外側の目標は何かを考えるところから始めてみませんか。

第2章

「悩み」を「強み」に変える思考法

働く上での悩みや困りごとは、少し視点を変えるだけで、その人の「強み」へと変換されるケースが多々あります。

ビジネスにおける、実行性、議論、インプット、メンタルケア……など実際に想定される場面を挙げて、適切な対応ができる考え方をまとめました。

そして、これら「強み」を最大化させ差別化することが、あなたのこれからの市場価値を上げることにつながるのです。

「成功」はわからないが、「成長」は約束することができる

私は普段からよく「毎回ほんの1%でいいので、新しいチャレンジや変化を作る」ということを大事にしています。

この話は、若手の社員や新しいプロジェクトを進めるメンバーに対して伝えることが多いのですが、「1%」というのはもちろん比喩です。たった1%でもかまわないので、新たな挑戦をしてほしいと思っています。

どうしてこういう言葉を掛けるのかというと、「約束できることを明確にする」ためです。

当然の話ですが、「成功」は約束されているわけではありません。どれだけ努力して頑張っても、成果につながらず成功しないケースは多々あります。

でも、「成長」は違います。

成長は約束できる要素なので、冒頭の言葉をよく使っているのです。

具体的にイメージしてもらうために営業活動で考えてみましょう。

何も変化を加えず、常に同じ方法で営業活動を続けていたとしても、それは単なる繰り返し。まったく成長しない可能性があります。

でも、「今回は仮説Aに基づいて新しい方法でやってみよう」と、前回と少し違う方法にチャレンジしてみたらどうでしょう？

もしもうまくいけば、もちろんOKですし、うまくいかなかったとしても「こうやるとダメなのか」という結果が得られます。つまり、確実にデータは溜まるわけです。

ただし、データを比較する際にはやっかいな部分もあります。

一気にいろいろと変えたくなりますが、実はすべての「変数」を変えないことが重要なのです。

なぜなら、新しい商品を新しい方法で新しいお客さまに営業したら、「変数」がありすぎてどの要素が成果につながったのかわからないからです。

これは化学の実験と同じです。

原因（X、Y、Z）→結果

という式があるとして、XとYを固定してZだけを変えてみるからこそ、研究結果が得られます。

毎回80%を変えるとなったら、XやYも変更するような状態で、前提そのものが変わってしまうことになります。

そして、要素の数が多くなるほど、1つの要素あたりのパーセンテージは少なくなるので、現実的には1%が妥当でしょう。

だから、冒頭の言葉では「1%」という数字を使っているのです。

もちろん、前提を変えるべきときもありますが、それはかなり珍しいケース。だとしたら、1%程度を変えることを意識するのが重要なのだと思います。

言いたいことは「1%」が重要ということではなく、そうしたチャレンジによる成長を約束することです。

「成功」は約束できませんが、「成長」は約束できます。

方法の一部を少しだけ変えてみるなら、自分の意識次第で実行できるはずです。

もうここで自分自身に約束してしまいませんか？　常に1%の新しいことにチャレンジして、成長すると約束しましょう。

自分にとっての1%は何かを考えながら、少しずつでも成長できる方法を考えてみてください。

会議の場で一目置かれる発言をする方法──「思考のじゃんけん」とは

会議やミーティングなどで一目置かれる発言ができるかどうかは、ビジネスパーソンにとって重要なポイントです。

なぜなら、仕事上の印象は話すときの実力によって決定づけられる面が少なからずあるからです。

では、伝え方が重要なのでしょうか。私はそうではないと思います。

ある著名なコピーライターが言っていました。

「伝え方が9割？　そんなのは絶対ウソ。言葉は思考の深さによって決定づけられるものです」

私も同感です。どれだけ伝え方がよくても（スラスラとわかりやすく説明されても）、思考が浅ければ人の心を揺さぶる言葉は生まれないでしょう。

そこで課題となるのが「思考を本質に近づける（思考を深める）のはどうすればよいのか？」です。

私はアンカーマン（メディアの顔として「取材や自分の考察を通じて、最終的なオピニオンをまとめあげる人間」）の技術が役に立つと思っています。

アンカーマンの技術を解説する前提として、思考の方法には種類があるというところから説明します。

私が意識している思考法は主に3つあるのですが、それぞれの大まかな定義は次の通りです。

・論理的思考

「事実」や「論理」に注目した思考。どんなときでも使えるぐらい汎用性が高いが、目的や前提を見失うことがある。

・そもそも論

「前提」と「長期的な価値」に注目した思考。本質的な価値を見失わないのがメリットだが、具体性が欠けることがある。

・アナロジーシンキング

「認識」や「効果」に注目した思考。比喩を多用する。実用性が高いが、一部の事実のみを切り取り、ミスリードを起こす可能性がある。

いずれか1つの思考法ではなく、これら複数の思考法を組み合わせると、思考を深めることができます。

私はアンカーマンとして数多くのメディアに携わってきたのですが、インタビューする際には異なる思考法の質問を投げ掛けるようにしてきました。

まずは相手の軸足となる思考法を見つけ、それとはズラした思考法の質問をぶつけるのです。

思考法の関係性は「じゃんけん」に近いイメージだと私は考えています。勝負ではありませんが、相性の良し悪しがあるということです。

「論理的思考」が強い人には「アナロジーシンキング」をぶつけ、「アナロジーシンキング」が強い人には「そもそも論」を、「そもそも論」が強い人には「論理的思考」をぶつけると、思考が深まっていきます。

「思考のじゃんけん」イメージ

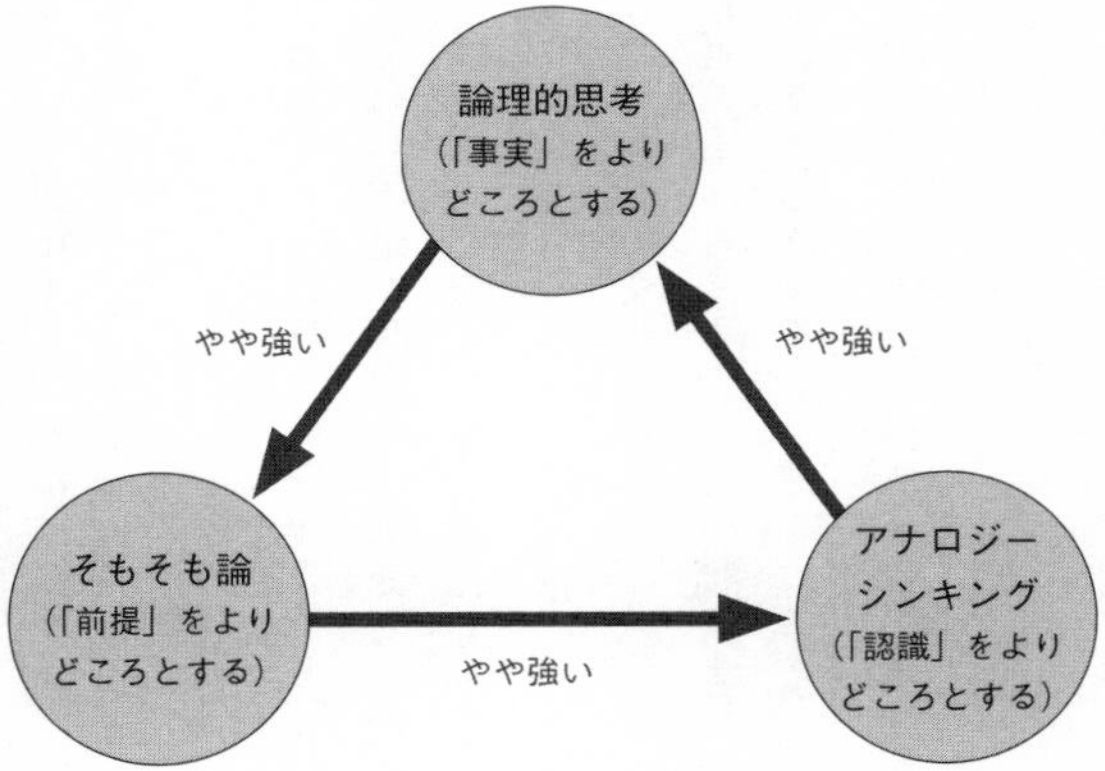

著名人や財界人の方とお話ししてきた対談記事を多くの方に読んでいただけたのは、思考法をバランスよくまわし、考え方や会話を深めることができたことが大きな要因だと思っています。

書店の棚を見れば一目瞭然ですが、山ほどの「論理的思考」に関する本が並んでいます。

それはつまり、多く人が「論理的思考」を求めているという証拠です。「論理的思考」が一般化しつつあり、周囲を見渡しても、論理的に考えられる人はたくさんいます。

つまり、ロジカルに考えられる「論理的思考」だけでは差別化の要因にはならないのが現状です。

今は、差別化するためには思考法を組み合わせることがいっそう重要になっていると思います。

アンカーマンは異なる思考法の質問を投げ掛けて思考を深めていきますが、思考能力が優れている人はそれを単独でも完結できます。

自分は「論理的思考」で考えるのが癖になっていると思えば、「アナロジーシンキング」でも考えることを意識してみてください。「アナロジーシンキング」が軸になっているなら、「そもそも論」で、「そもそも論」が強ければ「論理的思考」で考えるように習慣化してみましょう。

最低でも「もう1つ思考の軸」を持つことができれば、1人だけでも思考が深められるようになります。

そうすれば自ずと、会議などでの発言（思考）も一目置かれるようになるはずです。

迷ったら「巨人の肩」に乗ってみる――先人たちの理論の重要性

以前、「NewsPicks」の対談企画で、佐藤優さんとお話しする機会がありました。

ご存じ、佐藤優さんはもともと外務省国際情報局分析第一課主任分析官をしていた方で、現在は作家。知識の深さや広さから「知の巨人」とも呼ばれています。

佐藤優さんとのお話は想像以上に多岐にわたったのですが、もっとも盛り上がったのは「理論の重要性」についてです。

理論の重要性については私自身も思うところがあり、何度も「巨人の肩に乗る」のは大切だと思ったことがあります。

「巨人の肩」という表現はもちろんたとえで、もともとはアイザック・ニュートンが書いた手紙の一部から引用されています。

If I have seen further, it is by standing on the shoulders of giants.

(私が彼方を見渡せたのだとしたら、それはひとえに巨人の肩に乗っていたからです。)

私はこの言葉がとても好きなのですが、真意を意訳すると……

「先人たちの積み重ねた知見があったからこそ、新たな発見をすることできた」

といったところだと思います。

あのニュートンですら、先人の理論があったから自分も新しい理論を発見できたと言っているわけです。

そもそもこの「巨人の肩」という表現も、12世紀にフランスの哲学者、シャルトル（学派）のベルナール（またはベルナルドゥス）が最初に使ったと言われています。

ニュートンの表現もまさに先人の積み重ねをベースにしているのです。

「理論」と聞くと難しく感じる人もいるかもしれません。

実は、「理論」を得るもっともポピュラーで効果的な方法は「読書」です（書籍から知見を得ることです）。

ビジネスパーソンの多くは、日々の仕事に、読書（書籍）を活用した経験はあるでしょう。

私自身も実践家ですから、もちろん、実践を伴わない理論は意味がないということは十二分に理解しています。

それでもやっぱり「理論」は重要です。

今のところ人間には寿命があり、1人の人間が一生をかけて得られる知見には時間的な限界があります。

その一方、これまでの偉人たちがその一生をかけて見つけたことを理解可能な形で言語化したものが「理論」です。

そのため、「理論」が書かれている書籍を読むことこそ「自分の寿命を超えて知にタッチするための唯一の手段」となり、これはもう頼るしかありません。

「理論」はノウハウや原理原則がわかる反面、それを学ぶだけですべてが理解できるわけではありません。

複雑性を削除して抽象化し、最小の言葉や記号で最大の内容を説明するのが「理論」の役割だからです。

ただし、何か新しいことに触れるとき、その領域の全体像すら見えないとき、何か手掛かりが欲しいときに「理論」は必ず役に立ちます。

ディテール、深い知見、オリジナリティは自分の肌で感じないと絶対に身につかないものですが、最初の一歩としては「理論」が有用です。

私はいろんなシチュエーションで「まずは理論を使ってみればいいのに……」と思うことがあります。

皆さんも迷うくらいなら、まずは理論を使ってみてはいかがでしょうか。

佐藤優さんが対談の最後に、「北野さんはきちんと理論化できている方なので、実際に自分でうまくいったことを若い人のためにもっと理論化していってほしい」といった趣旨のことをおっしゃってくれました。


ということで、私が実践している「理論を得るための読書法」を〝理論化〟して紹介したいと思います。

読書の方法にもいろいろあるのですが、理論や知恵などを得るために本を読む際は、辞書のように使っています。

理論を得るためには効率性が重要です。その反面、一度くらい読んだだけで何かを得られるほど簡単でもありません。

つまり、必要なときに繰り返して読む必要があるわけです。そこで、理論が得られそうだと思った箇所がすぐに見つかるようにしておきます。

私の場合、１回目はサッと読んで重要な箇所に目印をつけます。本の端を折るドッグイヤーと呼ばれる方法で印をつけることもあれば、しおりや付箋を使って印をつけることもあります。

そして、２回目以降は必要なときに何度も見返すようにしています。まさに辞書のような使い方ですが、便利なのでおすすめです。

理論を理解する方法は人それぞれでいいと思いますが、誰もが理論を活用すべきだと思っています。

理論に頼ることは、何も恥ずかしいことではありません。

理論を無視して、画期的なアイデアが、急に降ってくるわけもありません。

新しいことにチャレンジするタイミングや、何をやればいいかわからない状況なら、素直に理論を手に取ってみてください。もちろん、実践することも忘れずに。

本は「登場人物を分けて読む」――理解を深める読書法

あるテーマの理解を深めたくて本を読むときは、「登場人物を分けて読む」ようにしてみるのがいいと、私は思います。

私も実践していて、たとえばある時期には「資本主義」に関する本を読んでいました。このくらいの広いテーマですと、いろいろな立場の人物が登場します。

たとえば、上場企業の経営者、証券会社、機関投資家、個人投資家、トレーダー、企業のＩＲ担当など、といった感じです。

当然のことですが、どの人の立場で資本市場を見るかによって、見え方、理解の仕方は大きく変わります。

芥川龍之介の『藪の中』のようなイメージでしょうか。Ａさんから見るとこう見えるけど、Ｂさんから見るとまったく異なる景色に見える……といった具合です。

誰もが知っている「関ケ原の戦い」も、東軍から見るか西軍から見るかでストーリーが大きく変わって当然です。そして、そんなことは世の中によくある話でもあります。

登場人物の立場を意識すると、１つのテーマを多角的、構造的に見ることができるようになるのです。

まったく知らないテーマを爆速で理解することも可能。本を読むための時間は掛かりますが、結果的には短期間で理解できるはずです。

ちなみに、冒頭の例に挙げた「資本主義」というテーマでは、12冊の本を一気に読みました。

本を選ぶ際に登場人物をあえて散らすように意識した結果、著書の職業の内訳は、経営の当事者4冊、機関投資家3冊、個人投資家3冊、トレーダー２冊となっていました。

その中で個人的に興味深かった本は『永守流　経営とお金の原則』（日経ＢＰ）です。「登場人物ごとに本を読み分ける」という話にもつながるので大まかに内容を紹介すると、永守重信さんは日本電産を設立した経営者で、１９８０年代に国内外で積極的なＭ＆Ａ（企業の合併・買収）を行い、（執筆時点で）時価総額5兆円を超える大企業にまで成長させた方です。

永守さんがM&Aを実施する際にポイントにしていることがいくつかあるのですが、印象的だったのが「1円単位で請求書や経費を見る」という話です。

M&Aをしたあとは、経費などを細かくチェックして、コストの圧縮をとにかく徹底するそうです。

これはある意味、鉄則中の鉄則とも言えることで、業績をV字回復させるために最初にやるべきことの1つが「徹底したコストの削減」だと言われています。

この話を聞いて、やっぱり創業社長らしいと思いました。永守さんにとっての1円はただの1円ではないからです。

経営者にとっての1円と、社員にとっての1円は価値がまったく違うと考えてください。なぜなら、株価に与える影響まで考慮すると、経営者にとっての1円は数十倍になり得るからです。

細かく説明すると長くなるので簡潔にすると、純利益1円のインパクトは、PER（株価収益率）が20だと仮定すると、株価への影響で考えたときに20円ぐらいになるというイメージです。

しかし、現場の社員にとって1円はあくまで1円です。

つまり、「経営者」から見た視点と「現場」から見た視点では、1円の価値がまったく異なるのです。

「どうして社長はこんなにもケチなんだろう？」

そう思ったことがある人も少なくないと思いますが、その裏には、立場による見え方の違いがあるのかもしれません。

このように、意識して「登場人物を分けて」読書をすることで、深い学びを得られます。どんなテーマであっても、きちんと理解したいときほどこの方法を取り入れるべきです。

ビジネスで成果を出したいときは必ず、関連するテーマの本質を理解することが必要だと思いますが、そんなときこそ「登場人物で分けて本を読む」という読書法を、ぜひ実践してみてください。

超一流のコンテンツは何度も繰り返してインプットする

私にとって、超一流のコンテンツを堪能させてくれる人の1人が佐藤可士和さんです。言わずと知れた、博報堂出身の日本を代表するクリエイティブディレクターです。ユニクロ、セブン-イレブン、今治タオル、CCC、SMAPのアルバム、極生など、少し調べれば、見たことのあるクリエイティブに出会えるはずです。

そんな佐藤可士和さんの約30年に及ぶ活動を多角的に紹介する展覧会「佐藤可士和展」が2021年に国立新美術館で開催されました。

もっとも印象的だったのは、佐藤可士和さんは広告の人ではなく「コミュニケーションの本質」を追求した人なんだと感じたことです。

佐藤可士和さんは、企業や商品が伝えたいことをたくさん伝えるのではなく、究極的に削ぎ落として本質のみを残します。

そして、通りすがりの人でもわかるように、本質のみを0・01秒で伝わるデザインに落とし込んでいるのです。

デザインでも企画書でもそうですが、ごちゃごちゃしていたり長かったりしたら伝わりづらいものです。

それを削ぎ落とすことで誰でも理解できるようにしているので、ある種の「おもてなしコミュニケーション」とも言えるかもしれません。

企業のビジョン、ミッション、バリュー、パーパスなどもコミュニケーションのデザインです。

「うちの会社のミッションは〜だから」という共通認識を持つことで、コミュニケーションのコストをカットしているのです。

私がプロデュースしているビジネスオンラインサロンの「SHOWS」でも、コンセプトを「大人のビジネスパーソン向け サードプレイス」と言語化しています。どんなコミュニティなのかをわかりやすくすることで伝わりやすくしているのです。

とにかく私は「佐藤可士和展」から、いろいろな気づきを得ました。

こういう「トップ1%」と思えるようなコンテンツに出会えることは、そう多くありません。大きなチャンスだと考え、何度も繰り返してインプットすることで身体に叩き込むようにしています。

「佐藤可士和展」では、音声ガイドを繰り返してインプットしました。

美術館などの音声ガイドは普通、現地で一度しか聴かないものでしょう。しかし、「佐藤可士和展」の音声ガイドはWEBでも聴けたので、家に帰って何度も聴き直しました。

繰り返しになりますが、超一流の思考法をインプットできるコンテンツはなかなかないからです。

同じ理由で、「本当にためになるな」と思った本はたまに読み直すようにしています。

読み直すと言っても、最初から最後まで目を通すこともあれば、目印をつけたところだけを辞書のように見直すだけのことも少なくありません。

何度もインプットするという意味合いが大きいのですが、自分が進化してようやく本の「真価」に気づくこともあるので、最上級のコンテンツだと思った本はたまに読み返すのがおすすめです。

私がよく読み返すのは、ファーストリテイリング柳井正さんの『経営者になるためのノート』や、D・カーネギーの『人を動かす』などです。

若いうちは新しい情報をとにかくたくさんインプットしてもよいとは思いますが、自分が成長するほど求める水準は高くなってしまいます。

そのため、ある程度の経験を積んだあとに「これは！」と思えるコンテンツが見つかるのは本当にレアケースなのです。

貴重で価値があるコンテンツは、何度もインプットして身体になじませるのがおすすめです。

若い人ほど「恐怖」と「嫉妬」をマネジメントしよう

社会人になる直前の自分（私の場合、21歳の年）に何か伝えられるとしたら、どういった話をしたいかなと考えてみました。

今の私が過去の自分に伝えたいのは、「恐怖」と「嫉妬」をマネジメントする方法です。

「恐怖」や「嫉妬」という負の感情は基本的に不要で邪魔な存在です。その一方、上手にマネジメントできれば大きな正の力にもなります。

では、どうやって負のエネルギーをコントロールすればよいのでしょうか。

前提として、どんな人でも心の中に「小さな悪」はあるものです。

心の衛生状態がダメだと悪の心が大きく育ち、いずれは自分を飲み込むようになってしまいます。

そして、悪の心が育ちやすい状態というのは、「恐怖」と「嫉妬」が強くなっている状態だと思っています。

恐怖心と嫉妬心が強い状態は、極めて悪い心理状態にある

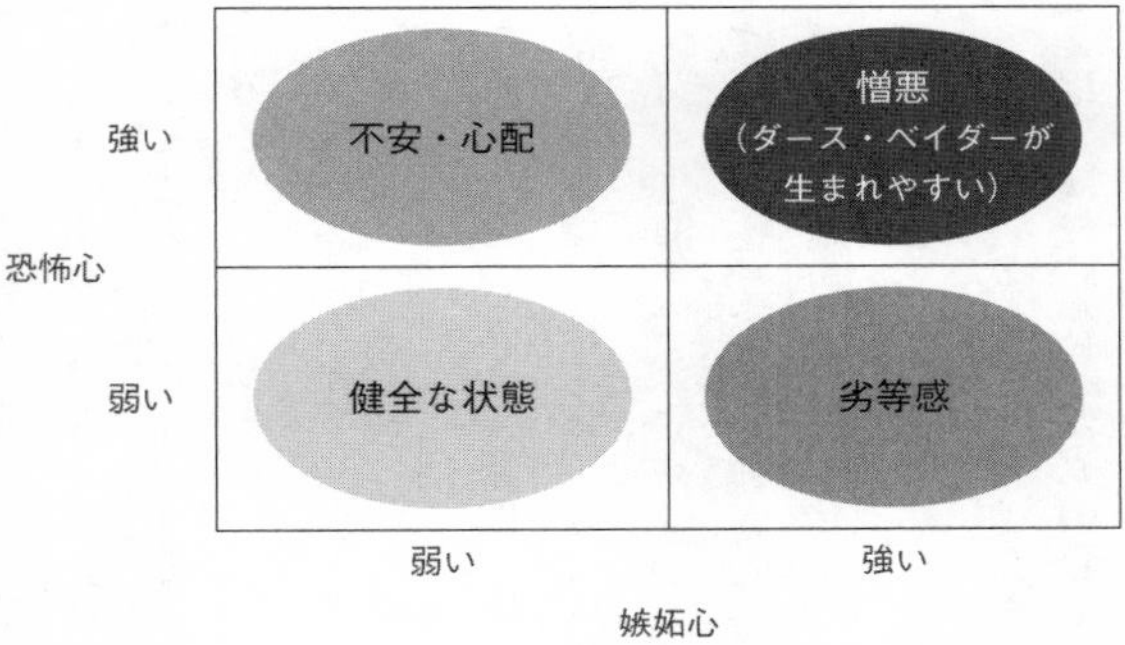

上のようなマトリクスでまとめるとわかりやすいでしょうか。

人生を振り返ると、恐怖も嫉妬も強くなり、ダークサイドに落ちて「ダース・ベイダー」になってもおかしくないタイミングは何度もありました(多くの方も経験があるのではないでしょうか)。

たとえば「恐怖」。地方出身の私にとっては、東京という大都会そのものが恐怖の対象でした。

また、ドメスティックな家庭で育った人間にとって海外での生活にはもっと恐怖を感じました。

キャリアに対しても恐怖はありました。

私が新卒の頃は生涯1つの会社で働き続け

るのが当然でしたので、最初の就職に必要以上の恐怖を感じていたと思います。

実際の人生は大きく異なり、会社を飛び出して何者でもない自分と向き合わなければならないことが何度かありました。自分が無力であることに向き合う作業は、恐怖と向き合うことでもあります。

人が「恐怖」を乗り越えられるのは、心に「確かなもの」を持っているからでしょう。

「確かなもの」と言うと抽象的に聞こえてしまいますが、ある人にとってそれは、勉強や部活、趣味で積み上げてきた実績、成功体験かもしれません。あるいは、家族やパートナー、仲間、コミュニティかもしれません。

そして、私にとっての「確かなもの」は「思考の歴史」です。「長考の歴史」と表現したほうが正確かもしれません。

若い頃から孤独と向き合い、「人生とは何か」「生きるとは何か」を問い続けてきた経験が「確かなもの」につながっています。

たとえば、高校時代。友人のDV被害を知ったことがきっかけで、大人と子どものコミュニケーションの断絶を埋めるための場として、ディスカッションのイベントを企画し開催しました。

これは、使命感のようなものから生まれた衝動で、「自分が動いたところで世の中が変わる可能性は低いが、何かをやらなければ死ねない」という思いを胸に秘め、行動に移しました。こうした思いが自分にとって「確かなもの」の1つとして、心の芯の部分に蓄積されています。

正直、「嫉妬」という気持ちに関してはまだまだわからないことが多そうです。そもそも嫉妬は罪深いことなのでしょうか?

嫉妬心が他人の足を引っ張る原動力になってしまったら罪だとは思います。

その一方、嫉妬心は「熱望するもの」があることの裏返しでもあります。「上を目指す気持ち」があるとも解釈できるでしょう。

もしも、メディアで取り上げられることが多い人をある種の目標にしていて、だからこそ嫉妬もしているとしたら、メディアでの取り上げられ方と実態は大きく異なるということを知る必要があると思います。私もメディアには出る機会があるため、それを実感しています。

メディアで取り上げられた姿に嫉妬を抱いているなら、それは実態の伴わない嫉妬かもしれません。

そもそも、「嫉妬」の真の対象というのは、「誰か」が「アウトプット」した「何か」であるというケースは多いはずです。作品なのか、サービスなのか、アイデアなのか、はたまたそれらの成果や実績なのか。

メディアが創り出した誰かや同期や同僚のアウトプットに嫉妬している時間があったら、自分もアウトプットしたほうが建設的なのは間違いありません。

ただし、その場合のアウトプットは、「本物のアウトプット」にする必要があります。

勘違いされがちですが、「アウトプット」＝「情報を発信すること」になってしまうと、価値のないアウトプットとなり、実質的にはインプットと変わらなくなってしまいます。

本当のアウトプットは、「社会全体の富を増やす行為」だと考えてください。

初めは些細なことでもかまわないです。この世界の課題や謎を見つけ、それを解決したり解き明かしたりして、世の中の改善につながる提案ができてこそ、真のアウトプットだと思います。

価値のあるアウトプットを続けることが本当に必要なプロセスです。

「嫉妬」が生まれる条件の1つに「距離感」も関係してきます。

普通の人が大谷翔平選手を見ても嫉妬しないのは、あまりにも遠すぎる存在だから。フィールドも才能も違うので、嫉妬したくてもできないのです。

だからこそ、アスリートの言葉は素直に聞き入れられるのだと思います。絶妙な距離感だからこそ、アスリートが目標に向かって前進する姿から、前向きなエネルギーをもらえるのです。

その一方、同僚、同期、同窓生、兄弟は距離感が近い存在です。そのため、簡単に自分と比較できてしまいます。自分の中に「確かなもの」がない状態だと、嫉妬が生まれやすくなります。

ということは、「嫉妬」が生まれづらい人と関係性を築くことも人生にいい影響がありそうです。

ビジネスでしたら、自分とはまったく違う業種や職種で成果を上げているような人とのコミュニケーションを増やすことは、きっといい影響を与えてくれます。

経験が少ない若いときほど恐怖は生まれやすいでしょうし、嫉妬心をゼロにするのも難しい話です。

だからこそ、21歳の自分に伝えたいのは恐怖と嫉妬をマネジメントすること。

ここまでの話をまとめ、恐怖や嫉妬といった負の感情を抑えるために必要なのは、次の3つだと伝えたいです。

①孤独と向き合う「長考の歴史」は、あなたの「確かなもの」になる
②「社会全体の富を増やす」ことにつながる本当の「アウトプット」を行おう
③近すぎない距離感のライバルを参考にしつつ、前向きなエネルギーをもらおう

必要不可欠な存在になる方法——「商売の見つけ方」に学ぶ

以前、『Forbes JAPAN』の連載企画でヘッドスパのお店を取材したのですが、そこで伺ったお話は「商売の始め方」の典型であり、会社員の方にも重要なことでした。取材させていただいたのは白金のヘッドスパ「BOLANGE」です。オーナーは山﨑達也さんで、「ヘッドスパアーティスト」という肩書きを使っています。

白金という立地で予想できるかもしれませんが、普通のヘッドスパではありません。住所非公開の紹介制で、一軒家に1席しかない高級なヘッドスパです。値段にも触れておくと、60分で2万7千円。正直、かなり高いという印象ではないでしょうか。

そんな価格設定にもかかわらず、経営者や著名人などからの人気が高く、予約が絶えない状態だそうです。

取材のときに施術を受けたのですが、正直ヘッドスパの概念が変わりました。気持ちがよいのはもちろん、それよりも脳みそがリフレッシュしたという感覚。その感覚が翌日も翌々日も続いていて、その間は仕事もはかどった気がします。

山崎さんがゴッドハンドと呼ばれる理由がわかりましたし、時間やお金に余裕があれば通うのも当然だと思いました。

そして、本題はここからです。

今でこそヘッドスパは市民権を得ていますが、山崎さんが起業した当時はまだまだ認知度は低く、ヘッドスパだけにお金を払うことに抵抗がある人が大多数といった状況でした。

さらに、男性が経営する完全非公開のヘッドスパ専門店となると、当時の日本では唯一だったそうです。

そこで私は伺いました。

「どうしてヘッドスパに着目して起業したんですか?」

すると山崎さんは正直に答えてくれました。

「ある意味、逃げの選択でした。美容師としてはまったく才能がなかったんです」

山崎さんはもともと美容師だったそうです。しかし、カットをしても中途半端、カラーをしてもなんか微妙、そんな自己評価。同期の中でスタイリストに昇格したのも最後で、悶々とする日々を過ごしていました。

ただし、お客さんにほめられることもありました。

それは、シャンプーとその後のマッサージ。1年目から「めちゃくちゃ上手」などと言ってもらえていたのです。

そんな状況を何となく分析し、「美容師としての才能はない。でも、シャンプーやマッサージはほめられるから、いつかビジネスになるかもしれない」と思っていたそうです。

時間が経っても状況は変わらず、実際に起業することになります。

これはよくある話ですが、起業したばかりの頃は「絶対に失敗する」「誰がヘッドスパだけの店にお金を払うの?」といった反対意見を何度も言われたとのことです。

それでもコツコツと営業を続け、今のような予約が取りづらいほどの人気店に成長させたのです。

素敵なサクセスストーリーではないでしょうか。

それと同時に、これはまさに模範的な「商売の始め方」だとも思いました。そう思ったポイントは2つあります。

1つ目のポイントは、お客さまに「喜ばれること」を商売にしたこと。これはまさに商売の原点です。

山﨑さんの場合、カット以上に「マッサージ」がお客さまから喜ばれたので、これがビジネスの種になりました。

嬉しくなるくらい価値があるからこそ、人はお金を払う気になるのです。

2つ目のポイントは、「反対されること」を商売にしたこと。

多くの人に反対されるということは、チャンスがあるということです。なぜなら、多くの人にはできなくても自分にはできるチャンスがあるから。

山﨑さんも多くの人に反対されましたが、それは、お金を取るほどのマッサージが「山﨑さんにしかできないこと」だったからではないでしょうか。

多くの美容師にとってマッサージはヘアカットやカラーのオマケのようなものかもしれません。

しかし、山﨑さんにとってはお客さまを喜ばすことのできるものでした。つまり、山﨑さんだからこそできることだったのです。ほかの人にできないということは、レッドオーシャンではないとも言えます。

①お客さまから「喜ばれること」
②周囲の多くの人から「反対されること」

という2つの条件が揃っていたとなれば、商売の始め方としては模範的だったと言えます。

ここまでの話だと、起業を考えていない会社員の方には無関係だと思うかもしれませんが、これは「キャリアアップ」や「市場価値の向上」にも通じる考え方です。

どうして給与をもらえているかと言えば、誰かに「喜ばれること」をしているからです。

そして、「喜んでもらえる人の量か質」を増やせば、給与はもっとアップします。

あなたがいることで喜ばれることが大きければ大きいほど、会社やお客さまにとっての必要性が高まっていきます。

需要と供給のバランスも関係しますので、誰でもできるようなことをしているだけで価値がどんどん上がるわけではありません。

そこで、山﨑さんにとってのマッサージのような「ほかの人にはない自分の強み」を掛け合わせることで、さらに必要性が高まり、「不可欠な存在」へと近づくことができます。

就職も転職も根幹には「商売」があります。その意味で、今回の話が関係ない人はいないはずです。

特定の人から「喜ばれること」と、周囲の人から「反対されること」を意識して、ビジネスやサービスを設計すれば、あなたの価値を今よりも高めることができるでしょう。

プロに教えてもらう「最大の価値」――本質的な課題が見つかる

何かを修得したいとき、そのための技術や知見をどうやって学んでいるでしょうか。本を読んだり、ネットで検索したり、教育系のYouTubeを見たり、講習や教室に通ったりといった行動が一般的でしょうか。

私は最近になって改めて、「プロフェッショナルな専門家に1on1で教わること」に意味があると再確認しました。

実はDTMでの作曲を研究していて、そのために先生からレッスンを受けているのです。

DTMは「デスクトップミュージック」の略。「打ち込み」とも呼ばれ、パソコンを使って音楽を制作することを意味しています。米津玄師さんやYOASOBIもDTM出身です。

そんなDTMを学ぶために、先生についてもらい月に2～4回、1on1のレッスンを受けています。1レッスンは1時間で、レッスンの内容は自由に決められるというシステムです。

先生から話を聞く限り、多くの生徒さんは先生が用意したカリキュラムに沿って少しずつ作曲を練習していくようです。

一方、私はそういう一般的なレッスンの使い方はしていません。毎回、自分で楽曲を作り、その中で出てきた質問や疑問をメモしておいてレッスンで先生に聞きます。また、作った楽曲を聴いてもらって改善点なども聞きます。かなり実践的なフィードバックをもらうイメージです。

たとえば、ある日のレッスンでは次のような質問をしました。

「最後のサビにファーストバイオリンを高音で入れたところ、ボーカロイドの声が何だかプカプカ浮いて聞こえるようになってしまいました。一体感がないんです。もう少しよくする方法はありませんか?」

2人で原因と対策を探っていった結果、先生はこう言いました。

「和音を奏でているピアノの2000Hz〜4000Hz帯域の倍音を強化するために、イコライザーでこの帯域の音量を少し上げてみましょうか」

言われた通りにその帯域の音量を上げてみて、私は思わず叫びました。

「すごい！　やっぱり先生すごいですね！」

ボーカルとバイオリンの間のプカプカした感じが一気に減ったのです。

先生はクラシック出身で、音大でも作曲を勉強していた方です。ピアノを弾いていたこともあり、ピアノの倍音がほかの楽器の音に潰されてしまっていると思ったのだと思います。

当然のことですが、プロはやっぱり耳がいいんだと感心したエピソードの1つです。具体例を出したほうがイメージしやすいと思って細かい話をしましたが、もちろん作曲についての内容はスルーしてもらってかまいません。

ここでいちばん伝えたいのは、「プロの専門家に1on1で教わる価値は大きい」ということです。

プロや専門家には、経験や知見によって培われた「独自の視点」があります。そこからもらえるフィードバックは、教科書を読んだだけでは得られないもの。プロならではのフィードバックには、お金を払うだけの価値があるのです。

ここまでの話を読んで、「別に何かを修得したいわけではないから、自分には関係ない」と思った方もいるかもしれませんが、実はこの話は会社の上司などとの1on1

にも通じるところがあります。

それを説明する前提として、「プロから1 on 1で教えてもらう価値を最大限に活用する」ために私が意識したポイントをまとめてみます。

①教えてもらう先生を見極める
②教科書には載っていない「超」具体的な質問をする
③30%でもいいので実際にやってみてから聞く

これは、「先生」を「上司」などに置き換えても同じではないでしょうか。

上司との1 on 1など、自分とは異なる視点でフィードバックやアドバイスをもらえる機会をきちんと活用できているでしょうか。

ちなみに、具体的な質問をしたときに嬉しそうに耳を傾けてくれる人ほどよい先生だと思いますので、そんな人を探してみてください（逆に面倒くさそうな態度をとる人はやめておいたほうが賢明です）。

基本的なメソッドやノウハウは書籍や教科書、マニュアルのほうがきちんとまとまっていますし、手軽に入手できます。

しかし、豊富な知見を持つプロや経験豊富な上司からは、そこには書いていない実践的なフィードバックが得られます。経験や知見があるからこその視点で本質的な課題を浮き彫りにしてくれるかもしれません。

また、少しでも自分で実際にやってみると、教科書には載っていない「めちゃくちゃ」具体的な質問や疑問が出てくるものです。それを解消できてこそ、教えてもらえる機会を活かせるのではないでしょうか。

ちなみに、上司というのは直属の上長でなくてもいいわけで、機会があれば一度、社内で実績を残している人に声をかけてみるのもいいでしょう。ビジネスの「プロ」は必ず身近にいるのですから、活用しない手はありません。

１on１に限ったことではありませんが、プロや上司に教えてもらえる機会を最大限に活かして、自分の成長につなげましょう。

「歴史」と「未来」の両方から学ぶことが大事

私はよく「歴史」から学びます。ビジネス上の戦略で言えば、経営、人事、新規事業、営業、広報……様々な領域においてヒントになる「逸話」がいくつもあります。

ここで指す「歴史」は「過去」と言い換えることもできますが、「過去」というと自分の人生が尺度になりがちなのに対し、「歴史」にすると人類史の全体をイメージしやすくなるので、あえて「歴史」という表現にしています。

『歴史思考』(ダイヤモンド社)という本には、「歴史を学ぶ」=「メタ認知能力を高める」と説明されています。

「メタ認知」とは「認知していることを認知すること」であり、「自分の認知活動を客観的に捉えること」です。

歴史についてそのように考えたことはなかったので、面白い視点だと思いました。

この本の副題には、「世界史を俯瞰して、思い込みから自分を解放する」とあります。さらに本の中では、「歴史を学ぶと、自分が当たり前だと思っていたことが、どれだけ当たり前ではないかに気づける」といった表現も出てきました。

たしかに、戦争や闘争の歴史を学べば、今の日本の安全・安心がどうやって作られてきたのかを学ぶことができます。

たとえ時代や技術が進化したとしても、人間は常にレベル1から始まります。どんな時代に生まれても、赤ん坊はレベル1からスタートしなければなりません。

だからこそ、「歴史」を学ぶことで「人間」を相対的に見ることができ、「自分を苦しめている当たり前は、実は当たり前じゃない」と気づけたりするはずです。

「歴史」を通して「人間」を学ぶ意味は大きいと思います。

一方、私は「未来」からも学ぶようにしています。

「未来から学ぶ」というのは少しイメージしにくいかもしれません。過去や歴史は遡って学べばよいのですが、未来はまだ訪れていないからです。

ただし、未来から学べる方法が2つあると私は考えています。

1つは「SF(サイエンスフィクション)」から学ぶ方法。「SF」を参考にして、未来の「世界観」や「ビジョン」を類推するのです。

「SF思考」という言葉もありますが、『スター・ウォーズ』や『マトリックス』といった未来を描いたサイエンスフィクションの作品から学べることはたくさんあります。

「SFで書かれていることは実現する」ともいわれ、実際に、村上龍さんの2000年に刊行された『希望の国のエクソダス』（文春文庫）はSF的な小説で、現実を先取りするようなワクワクする物語でした。

まずSFのような作品が近未来予測を描き、それにインスピレーションを受けた企業が、現実と未来の差分を埋める技術を開発していくことを幾度も繰り返し、社会やシステムが進化してきた側面は間違いなくあるはずです。

イーロン・マスク、マーク・ザッカーバーグ、ジェフ・ベゾスといった起業家が「SF」から影響を受けているのは有名な話です。

「こんな未来が実現したらワクワクする！」と想像を膨らませるだけでもSFから学ぶ意味はあると思います（ちなみに、私自身、将来SFを書きたいと思っているので、『SFの書き方「ゲンロン 大森望 SF創作講座」全記録』［早川書房］を積読しています）。

「未来から学ぶ」ためのもう1つの手段は、「テクノロジー」から学ぶ方法です。テクノロジーや技術の進化から未来の「方向」を類推するのです。

簡単な例を挙げましょう。ブロックチェーンやNFT、あるいは5GなどITとまったく無関係の産業は過去のものとなっていくはずです。だとすれば、未来の方向がある程度は予測できるのではないでしょうか(ただ、今は一見無関係に見えても、それを逆手に新たな市場を開拓したり、画期的なチャレンジができるという「ビジネスの可能性」はあるでしょう)。

資本市場の原理において、莫大なお金を生み出すのは未来です。

そのため、長い目で見れば私たちの市場価値も未来の方向に引っ張られるイメージを持ってください。逆に言えば、過去の方向に行けば行くほど私たちの市場価値はマイナスになってしまいます。

自分の価値はどちらに引っ張られていくのか。それが予測できるだけでもテクノロジーから学ぶ意味はあると思います。

「歴史」と「未来」、それぞれから学ぶことの意味を簡単にまとめると、次のようになります。

「歴史を学ぶ」＝何かに辿り着く上で最大の壁（＝人間）を知る

「未来を学ぶ」＝資本主義における次のゴールを持つ

人間を知らない状態で次のゴールを目指しても、その狭間にある壁にぶつかることになるでしょう。

だから私たちは、「歴史」と「未来」の両方から学ぶ必要があるのではないでしょうか。

どちらか一方だけを学んでいる人は多くても、両方から学んでいる人はそう多くありません。両方を学ぶことで自分の強みにもつながるはずです。

「歴史」と「未来」、どちらからもバランスよく学んでみてください。

第3章 市場価値を最大化できる人は「これ」をやっている

具体的にビジネスをどう実践して、進めていく人が人材として高く評価されるのか。
目標設定、目標達成、重要なタスクの進め方、ピンチの脱し方……など、
実は多くの方ができていないであろうシチュエーションを取り上げて解説します。
転職後や新たな領域で仕事を行う際にも役立つ実践的な手法をお伝えしていきます。

「ビジョン型」のプロジェクトこそ「定例作り」が重要

何か新しいサービスや事業を作るとき、あるいは何か組織内や個人レベルでソリューションを実現する際には、大きく分けて2種類の考え方があります。

それが「課題型」と「ビジョン型」です。

「課題型」は、「ペイン」を軸にして解決策を考える方法です。

「ペイン」とはビジネスの領域では、障害、リスク、悩み、不安などを意味する言葉として使われています。

リクルートでは「ペイン」を「負（不）」と表現したりしますが、たとえば「英語の点数が上がらない」「組織で退職者が続いている」といった明確なペインがある場合に解決策を練っていきます。

一方の「ビジョン型」は、その時点では明確な「ペイン」は存在していません。

人々が強烈に欲しがるようなソリューションを提供し、マーケットを作っていくような方法です。

最近なら「メタバース」をイメージするとわかりやすいでしょう。「家の近くにおいしい焼肉屋が新しくできた」といった類の話も該当します。アップルやナイキの新しいプロダクト、アイテムもその類に属する場合があるでしょう。

社内向けなら、「数年後、会社の新しい柱となる事業を立ち上げる」「社員が快適に過ごすためのシステムを導入する」などが挙げられると思います。

「課題型」と「ビジョン型」に優劣があるわけではありません。考え方が異なるだけです。

そして、私が今感じているのは、脳の使い方にも大きな違いがあるということです。それは、「忘れやすさ」が違います。言い換えると「記憶率」が異なっているのです。

ここでは、会社・組織内向けの話をメインにしながら考えていきましょう。

「課題型」は、いったん認識すると「忘れることは難しい」と思います。

たとえば、会社で英語が義務化され、TOEFLの点数を80点以上は取らないといけなくなったとします。

まだ50点しか取れてない状況では、TOEFLのことを忘れたくても忘れられないでしょう。

あるいは、組織で退職者が全体の3割になっているという状況ならいかがでしょう。早急に対策を練らなければならないわかりやすい課題なので、忘れるということは考えにくいでしょう。

一度でも認識した「ペイン」や「課題感」というのは、なかなか忘れづらいものなのです。

それもそのはずで、放置しておいても状況がよくなることは決してありません。また、緊急度も重要度も高いからこそ課題が顕在化しているので、忘れにくくなるのも当然でしょう。

一方の「ビジョン型」は、相対的に「忘れやすい」ものです。

日常が忙しくて目の前のタスクに追われていたら、将来の夢やビジョン、漠然と「こうなればいいな」と思っていることなどは二の次になってしまいます。

「ビジョン型」は緊急度が必ずしも高くない上に、まだ具体化していない分だけ目に見えづらく、そのために忘れやすいのです。

ここで「忘れやすさ」を説明したのには理由があって、意識することで前もって対策することが可能だからです。

「課題」が明確な施策に関しては、定例のミーティングは必要なく、必要なタイミングでできるだけ早めに打ち合わせをして終わらせるようにします。

なぜなら、「忘れにくい」からです。

一方、「ビジョン」しか決まっていないような新しいプロジェクトなどを進めるときには必ず定期的なミーティングを設定するようにします。そして、「定例」にすることがかなり重要だと思っています。

そうです。「忘れやすい」からです。

「毎週月曜日の10時〜」といった具合に定例のミーティングを設定することで、強制的に思い出すきっかけを作る必要があると考えています。

まとめると、次のようになります。

「課題型」＝緊急度が高く忘れにくい→「なるはや」でミーティング
「ビジョン型」＝緊急度が低く忘れやすい→「定例」でミーティング

実は私自身、これまでは無意識に使い分けていたのですが、整理してみて明確にわかったので、それからは必ず「課題型」「ビジョン型」に分けて進行することを徹底しています。

ビジョン型の施策に取り組む際は「忘れることがないように定例ミーティングを組む」ということを徹底し、プロジェクトを着実に前に進められるように工夫してみてください。

これは、個人の目標や「やりたいこと」などについても同様です。緊急性がないことについて日々考えるというのは思ったよりもハードルが高いものです。

１週間や１か月単位で「１人定例ミーティング」を設定して、強制的に考える時間を確保するのがおすすめです。

さて、ここまでの内容で思い出すのがビズリーチの創業者、南壮一郎さんのこんなお話です。

「創業するときの仲間の集め方は、毎週土曜の朝から定例をやること。最初はたくさん集まるが、やり続けるうちに次第に絞られていく。その中で最後に残った人たちが創業メンバーとなる」

定例のミーティングには、本気のメンバーを絞り込む効果もありそうです。

創業時だけでなく、新しいプロジェクトなどに取り組む際にも参考になるのではないでしょうか。

目標は分解せよ――「OKR」が生む真の効果とは

目標の設定・管理方法の1つである、「OKR」という手法をご存じでしょうか。「Objectives and Key Results（目標と主要な結果）」を略して「OKR」です。アメリカのインテルで誕生し、グーグルやフェイスブックといった有名企業の多くも導入し、日本でも取り入れている組織が増えてきた印象です。

そんな「OKR」にはいろいろなメリットがあるのですが、個人の目標設定においても大いに役立つ点があります。

「OKR」は「Objective（目標）」からスタートするのが大きな特徴です。本来は、組織が達成を目指す目標を意味し、定性的な目標を設定します。

そして「KR」は「Key Result（主要な結果／成果指標）」のことで、「Objective」への進捗を測るための具体的な定量指標を何個か設定します。

この「KR」は、もう1つ下の階層の「Objective」につながっていて、さらにもう1つ下の……と、どんどん続いていく構造になっています。

「ＯＫＲ」を解説した書籍やＷＥＢページなどはたくさんありますので、気になったら細かく調べてみてください。

実は、この「ＯＫＲ」は別の形のツールとして使われています。それが「マンダラチャート」です。

「マンダラチャート」は、ＭＬＢで二刀流として大活躍している大谷翔平選手が目標達成のために使っていたことで有名になりました。

「マンダラチャート」や大谷選手が書いた目標シートもＷＥＢなどで詳しく調べることができます。

この「マンダラチャート」ですが、冷静に考えると「ＯＫＲ」とほぼ同じ構造になっています。

まず、「マンダラチャート」の場合は中央にワクワクするような「Objective（目標）」を置きます。

そして、その周辺に「Key Result（成果指標）」となる指標8個を並べて、各「Key Result」が1つ下の層の「Objective」になって……と細分化していきます。

構造は「ＯＫＲ」と同じではないでしょうか？　それだけ、この構造化する方法に効果があるという裏づけだと思います。

ここまでの内容は、ビジネス書が好きな方や組織論に詳しい方などはご存じかもしれません。

ただ、私が思っているこの「OKR」的な手法の真価は、「大きな目標を支える力」にあると思っています。

皆さんも、年初や誕生日に所信表明をすることがあると思います。ただし、その多くは「今年はTOEICで900点を取ります！」とか「○キロ、ダイエットします！」といったざっくりした目標です。

しかし、それだけではほとんど意味がありません。正直、達成できるケースもほとんどないのではないでしょうか。

その大きな理由は、最終目標だけでは心が折れてしまうからでしょう。

英語の得意でない人がTOEICの900点を目指したとして、そこに辿り着くまでにはたくさんの壁があります。

その中で最終目標だけを意識しても、果てしなく遠く感じられ、初志貫徹できる人が少なくても当然です。

そもそもその目標が現実的なのか、どれくらいの山があるのか、チェックすることもできません。

ではどうすればよいのかというと、「目標を分解する」のが近道です。

自著『仕事の教科書』では「分解の法則」として紹介していますが、「目標の分解」は重要なポイントなので、具体例で解説します。

先ほど紹介した大谷選手のように、たとえば野球で投手として時速160㎞の速球を投げることを目標にしたとします。

そして、仮に「球速」＝「筋力×筋力の出力率×投球フォームの効率性」などと分解します。

これだけでも課題を構造的に理解しやすくなったのではないでしょうか。

さらに、球速アップのボトルネックは何かと考えます。筋力なのか、投球フォームなのか、それともほかの要因なのか。

こうすることで、確度の高い仮説を立てることができます。

「目標の分解」は、次にとるべき行動がイメージしやすくなるように、できる限り細かく分けるのがポイントです。「さらに分解できないか?」と考えるクセをつけるようにしましょう。

筋力がボトルネックなら、どの筋力なのか。下半身の筋力なら、どこの筋肉なのか。大腿筋なら……という具合にどんどん細かくしていくのです。

この細かい分解ができれば、次にやるべきことが明確になり、アクションがとりやすくなります。そして、目標に近づくスピードも速くなります。

しかも、目標を分解して具現化することで、進捗率が見える化でき、自信がなくなったときの支えにもなります。

たとえば、TOEIC900点はまだ達成できていないとしても、「リスニングだけでも目標の点数に近づいているから、成長はしているんだ」と実感できるのです。

この「大きな目標を支える小さなKRの効果」は驚異的だと思っています。

さらにテクニックを付け加えるなら、大きな目標そのものの「魅力度」を上げるとモチベーションアップにつなげることができます。

たとえば目標がTOEICの900点だとしたら、その先も具体的に考えてみるのです。TOEIC900点を「KR（成果指標）」にして、その先の目標や効果をイメージしてみてください。

ＴＯＥＩＣで９００点を取ったら……「昇給する」「外国人と話せる」「英語が楽しくなる」「モテるかも（？）」などなど。

そうすることで、ＴＯＥＩＣで９００点を取るという目標がいっそう魅力的になります。

とにかく、きちんと活用すれば「ＯＫＲ」という手法はかなり有効だと断言できます。

目標を設定するだけでもすばらしいことではありますが、それをさらに分解して、やるべきことをより具体的にしてみましょう。

個人的な目標はもちろん、達成しなければならない仕事上の目標でこそ活用してみてください。

目標設定の精度を上げる――「期初は目標、期末は期待値」

大学の後輩のとある経営者の方に、「評価」に関するアドバイスを求められました。人事制度の中でも評価はセンシティブなテーマなので、悩んでいる経営者やマネジメント層の方も多いのではないでしょうか。

そのときに私が伝えたのは、「期初は目標、期末は期待値」という言葉です。人事で大切なことはいろいろありますが、成果を出す上で重要なことを１つ挙げるとしたら、「目標」と「期待値」の設定だと思っています。

ほとんどの会社では期初に「目標」を立てるはずですが、この目標設定が簡単そうに見えて圧倒的に難しいのです。本来は、じっくりと時間を掛けて設定する価値があると思います。

なぜなら、経営と現場が「win-win」になるのか、「win-lose」になるのか、「lose-lose」になるのかは、「目標の精度」でほぼ決まると言っても過言ではないからです。

よくあるパターンは行動量などの「プロセス目標」を多めに設定した結果、プロセス目標は達成したが結果は未達な人が高く評価されるケースです。

あるいは、わかりやすく「結果目標」だけをやたらと高く設定した結果、周りを蹴落としたり卑劣な手段を取ったりしてでも目標を達成する人が生まれてしまうケースもあります。

どちらも目標設定でミスを犯してしまっているのです。

さらに、こんなケースも考えられます。マネージャーの立てた目標設定の視点が経営陣とズレていたことで、チームメンバー全員が目標を達成したのに、事業部全体としては評価されずに終わるような最悪な事態です。

このように、会社、マネージャー、現場の誰もがハッピーではない「lose-lose」なケースにもなりかねないので、「精度の高い目標設定」は人事施策の中でももっとも重要度が高いと思っています。

ただし、人間は感情の生き物ですから、期初の「目標設定」だけでは人は動きません。期末の「評価」も重要になります。

評価の際に私が重要だと思っているのは、「期待値を伝えること」。より具体的にいうと、「来期の期待値」です。

経営をしている限り、評価には差をつける必要があると思っています。

ただし、「評価」は前期の話であり、過去の話です。過去と未来は切り離して、未来は改めてフェアに見る必要がありますし、そういうチャンスも必要です。

そこで、未来に向けた来期の「期待値」をしっかり伝えることが重要だと言えます。

そうすることで、評価が悪かった人は「次に何をすればいいかがわかる」という状態になり、評価が高かった人は「さらに成果を出そう」と思えるようになるはずです。

「期初は目標、期末は期待値」という言葉には、そんな意味があります。

さらに、この内容を個人レベルに落とし込んでみましょう。構造は同じです。

月初などに「目標」を立てたなら、月末などに来月の「期待値」を明確にするのです。それを繰り返していくことで、自分への「期待」を確認しながら、「目標」を達成していくサイクルが自然に作れると思います。

ちなみに、「目標」は定量的に判断できるもの、「期待値」は目標よりは少し抽象的なものを設定するのが原則です。

どんな立場の人にも効果があると思いますので、「期初は目標、期末は期待値」を試してみましょう。

ピンチからチャンスへ好転しやすくする3つの方法

「ピンチはチャンス」といった言葉をよく耳にしますが、私は「ウソだろ?」と思っていた時期がありました。単なる精神論に思えたからです。

改めて考えてみても「ピンチはピンチ」だと思います(笑)。

ただし、ピンチからチャンスへと状況を変えやすくする方法はあると思っています。

私にもこれまで山ほどのピンチがありました。たとえば、会社が苦しい時期があったり、信頼する人との人間関係が崩れたり。アメリカに渡ったときはまったく英語が話せなかったので、人間として存在していないかのように扱われたのもピンチでした。

そうした危機を乗り越えるのに役立ったのが、次の3つの方法です。

①悩むのではなく考える
②まずは圧倒的にギブする
③リーダーが口ではなく手を動かす

この3つはたとえピンチでなくても、ビジネスで成果を出したいときに常に意識しておくべきポイントだとも思いますので参考にしてみてください。

①「悩むのではなく考える」は、安宅和人さんの『イシューからはじめよ』（英治出版）という本にこうした主旨のことが書かれていました。

その本を読んだのは20代前半のときですが、印象に残ったのでそれからずっと意識しています。

「悩む」というのは、「こうなったらどうしよう……」「どっちがいいかな……」などと、答えを出さずに「考えるフリ」をしている状態です。

「考える」というのは、答えを出すために建設的に思考を組み立てること。要素を分解して整理して、解決策を導き出すことです。

たとえば、直近に重要なプレゼンがあるとして、緊張感が凄まじくて「本番でミスしたらどうしよう……」などと逡巡して眠れない日が続いているのが「悩んでいるだけ」の状態です。

「そもそも悩んでいる理由は何だろう？」「理由は2つありそうだ」「それぞれこんな打ち手がある」「少しでも時間を作ってそれを実行しよう」「時間を作るには……」と解決していくのがここで言っている「考える」ということです。

ピンチのときこそ、悩んでしまって時間を浪費する罠があると思いますので、注意しましょう。

そんな罠から抜け出すには、論理的に考えることが必要です。

ベーシックな思考ツールですが、紙とペンを用意し、今の課題などを「箱」と呼ばれる四角の枠の中に書き出し、関係性を整理するのがおすすめです。

まず、「なぜ悩んでいるのか」を「箱」に入れ、それに対する原因なども「箱」にして書き出します。

次に、「ではどうすればいいのか」をまた「箱」に入れて、それに対する選択肢を「箱」に書き出します。

最後に、「とはいえ、こんな課題や障害があるな」と「箱」で書き出し、それを解決する具体的なアクションも「箱」として書いていくのです。

このようにして順序立てて進めると、「悩む」を「考える」に変えることができるはずです。さらに詳しいやり方は、論理的思考、ロジカルシンキングなどで調べてみてください。

②「まずは圧倒的にギブする」は、説明するのにちょうどよい事例があったので紹介します（30ページのエピソードの詳細です）。

そのときのピンチの原因はコロナ禍です。

私が働いている会社は、ＩＴ×ＨＲ領域で複数のサービスを展開しています。

コロナ禍で何がピンチになったかというと、ご承知の通り、人がたくさん集まるイベントが開催できなくなったため、就活生向けの合同説明会が軒並み中止になってしまったのです。

これは、われわれだけでなく、学生にとっても企業にとってもかなりのピンチと言えます。

そんな状況で行われた取締役会で、毎日YouTubeを使ったライブ動画の会社説明会をするべきだと提案。そして、賛同を得て実行することになりました。

取締役会があったのは午前中。その日のお昼には事業責任者に集まってもらい、動画配信会社との打ち合わせを夕方に設定し企画書も仕上げ、クライアントの企業に依頼して、その日のうちに2～3社からご快諾いただき、次の日にはリリース配信といったスピード感で進めました。

実際、日本でいちばん早く会社説明会のライブ配信を形にできたのです。

そのときに私が思っていたことは、とにかく無料でも実現すること。社会にとっても学生にとっても必要なことなので、まずはとにかくやるべきだと思ったのです。

実際、当初のサービスは、1円もお金をもらわずに実施しました。

その結果、日本でいちばん動員数の多い合同説明会ライブとなりました。

さらにその後、少し形を変えたサービスとなり、売上も立ち始めたのです。

コロナ禍ではみんながピンチでしたが、そんな苦しいときほど「まずは圧倒的にギブする」ことが大事だったのだと思います。

ギブするからこそ、のちにテイクにつながって何かが得られるということです。

遠回りに思えるかもしれませんが、それこそ近道になることが多いと思います。

③は「リーダーが口ではなく手を動かす」です。

ピンチのときにリーダーが口だけ動かしていてもどうにもならないと思います。

リーダーの仕事は、意思決定などのもっとも難しい仕事をすること。

普段はあちこちと手を動かすべきではありませんが、ピンチのときや本当に苦しいときこそ手を動かす（自ら行動する）必要があります。

シンプルに、もっとも能力があって視座も高いのはリーダーなのですから、現場で先頭に立って業務を遂行していくべきです。

そして、ピンチのときほどリーダーの資質があらわれるのではないでしょうか。

コロナ禍でも成長、成功した会社は、リーダーが口ではなく手を動かしていた会社だと私は分析しています。

ピンチはあくまでピンチだとしても、チャンスに変えることは不可能ではありません。ここで紹介した3つの方法で危機を乗り越え、ビジネスパーソンとしての成長を叶えてもらいたいです。

効果的にインプットできる「教えるつもりメソッド」

「いろんなことを忙しくやられている中で、どうやって情報をインプットしているのですか？」と聞かれることがあります。

たしかにインプットのコツはあります。ここではその1つを紹介します。

あるとき、メンタリストDaiGoさんの動画を見たのですが、その中で話していたインプット法で私も実践しているものがありました。

それが「教えるつもりメソッド」です。

簡潔にまとめると、本を読んだりスクールに通ったりして情報をインプットするときに「（のちに誰かに）教えるつもりになる」という方法です。

もう少し具体的に言うと、「教えるつもりでメモを作る」「教えるつもりで話す」「教えるつもりで声に出して解説する」といったことをしています。

重要だと思ったことをメモする人は多いと思いますが「大切なことだからメモしておこう」→「必要なタイミングで思い出せない」というパターンが多いのではないで

しょうか？

でも「誰かに教えるつもり」になると、速攻で情報を吸収できるようになるのです。

私は昔から自然に実践していて、何か本を読んだり面白い発見があったりした場合に、頭の中で「これは○○さんに伝えよう！」と妄想します。そして、声に出して解説したり文章にまとめたりしていました。

「教えるつもり」を実際にやってみるとわかりますが、明らかなメリットがいくつかあります。

まず、当然内容をきちんとわかっていないと人に話せないので、要点や結論をより簡潔に深く理解しようと努めます。「教えるつもり」でない情報収集だと、自分がどれだけ適当にインプットしているかが如実にわかります。

さらに、記憶の定着にも効果的だと言われています。

インプットした情報を、人に話す機会が本当にあるかどうかは問題ではありません。誰かに「教えるつもり」「話すつもり」になるだけで効果は生まれます。

「つもり」でいいなら気持ちが楽ですし、猫などのペットに向かって話してもよいのです。

むしろ私が大事にしているのは、「コピペはしない」という点。

たとえばYouTubeなどで、本の文章をそのまま読んでいる要約動画があります。言うなれば、教科書を音読しているだけ。それでも多少の効果はあると思いますが、効果が薄れるのは確実でしょう。

私が実体験をふまえて重要だと思っているのは……

「インプット」→「脳の定着／解釈」→「アウトプット」

という一連の作業をこなすことです。

単純な音読だけだと真ん中の「脳の定着／解釈」を飛ばしているので、効果が落ちることはあっても高まることはないと思います。

古代ローマ帝国の哲学者が「人は教えることによって、もっともよく学ぶ」と言ったそうですが、まさにその通りでしょう。

何かをインプットするときにはぜひ、「教えるつもりメソッド」を活用してみてください。

「マスト1」を決める――マルチタスクのコツ

最近は、「マスト（MUST）１を決める」というメソッドが大事だと感じています。

一般的に仕事の順位づけで有名なメソッドと言えば、「重要度×緊急度」です。

縦軸を「重要度」、横軸を「緊急度」とした２×２のマトリクスを作り、タスクを整理して優先順位を決める方法です。

ただし、実際に使ってみると意外と使いづらいと感じることはないでしょうか。

どうして使いにくいのかというと、理由は２つあると思います。

理由①重要度と緊急度が人によって違うため、分類が簡単ではない

たとえば、自分から見た重要度と上司から見た重要度が異なる場合、分類しづらくなります。

理由②普通に働いていると、重要ではないけど緊急なタスクが生まれ続ける

わかりやすいところでいうと、上司や取引先から差し込まれた作業は優先順位が高くなりがちです。そうした「重要ではない緊急な仕事」が実際はけっこう多いのではないでしょうか。

その瞬間は「重要度×緊急度」でタスクを整理できても、結局は差し込まれたタスクをこなさなければならないので、マトリクスで整理した優先順位が「絵に描いた餅」で終わることが多くなってしまうのです。

そこでおすすめしたいのが「マスト1を決める」という超シンプルなメソッドです。しかし、これが実に効果的です。

ネーミングの通り単純で、その時間、その日、その週、その期間など「絶対にやることを1つだけに絞る」という方法です。自分で自分に「本気で1個だけに絞るとしたら?」と問い、決めてしまいましょう。

たとえば、半年間のプロジェクトに加わったとして、「やらないといけないことはいろいろあるものの、今1つだけに重点を絞るとしたら何をする?」と自問し決める

のです。

営業であれば、「重要なKPIはたくさんあるが、真に1つだけのKPIを追うとしたらどれ？」と考え、決めるのです。

マーケティングであれば「仮に施策を1つだけに絞るとしたら何？」と考えてみてください。

これが「マスト1」の思考法です。

マルチタスクにならざるを得ないときほど、物事が進んだように見えて実際は進んでいないことも多いもの（「1日中忙しかったけど、重要なことは全然進んでいないな」という経験はないでしょうか）。そんなときこそ「マスト1を決めるメソッド」が効力を発揮します。

「1つだけ」に絞ることが最大のポイントです。1つだけなので、成果につながることを選びましょう。他人からもきちんと評価されるタスクなら最適です。

やることを1つだけに絞ることで得られる最大の効果は、否が応でも「フォーカスせざるを得ない」という点です。

フォーカスするからこそ自ずとやらなくていいことが削ぎ落とされ、言い訳ができなくなり、結果的に仕事が前に進みます。

簡単な具体例でイメージしてみましょう。

まず、「週に10件の商談を組む」という「マスト1」にフォーカスします。そうすると、この目的に合わないタスクは一気に優先順位が落ちます。だからこそ、たくさんある中の1つが確実に実行できて完了するのです。

完了できたら次の「マスト1」を決めます。Aが終わったらB、Bが終わったらC、Cが終わったらDという具合に、確実に進捗していきます。

結局、マルチタスクによって仕事が進まない状態というのは「混乱している状態」です。

その「混乱」は「次にやるべきことが明確に定まっていない状態」から生じます。

これは数学のテストなどを思い出すとわかりやすいかもしれません。

次に解くべき問題、やるべきことが明確になっている場合はテスト中でも混乱しないし、よい点を取れる可能性は高いのではないでしょうか。

その一方、テスト中に次に何をすればいいのかわからなくなったときは混乱し、点数も伸びないはずです。

要するに思考が止まってしまうわけです。

混乱していてアウトプットが中途半端なら、結果も中途半端になってしまって当然です。

そんな状態の処方箋として「マスト1を決める」というメソッドが役立つのです。

実際に私も活用しています。

最近も「マスト1」を決めて優先順位を修正した結果、チームの中で新規事業の開発についての認識を揃えることができました。やるべきこととやらなくていいことを一気に整理できたのです。

「マスト1を決める」というメソッドはシンプルだからこそ、どんなジャンルでも使えます。シンプルだからこそ組織か個人かを問わず、幅広く使用可能なのです。

ではさっそく、考えてみてください。あなたが今抱えている仕事でこの期間にやるべき「マスト1」は何でしょうか。

「緊急ではないけど重要な」タスクをどうするか

引き続き、タスクの優先順位についての解決法を紹介します。

以前、「北野さんはいつも（時間に）余裕を持っていますよね。やらないといけないことが多そうなのに、どうやって処理しているんですか？」と聞かれたことがありました。そのときに答えたことや考えたことをここで紹介します。

まず前提として、私が時間のやりくりがうまく見えるとしたら理由は1つや2つではありません。意識していることを、いったん思いつく限り書き出してみます。

①「死ぬときに後悔するか、しないか」を軸に「やらないこと」を明確にしている

②やりたいことがあっても闇雲にやらず、システムで解決するので「労働集約型」になりづらい

③毎晩のように明日やるべきことを明確にしているので、次の日にほとんど無駄がない

④電子デバイス、家、Uber Eatsなど、設備や環境への投資を常に行っているため、生産拠点の生産性が高い
⑤SNSを必要以上にやらないと決めているので、沼にはまる時間が少ない
⑥Netflix、Amazon Prime、本などで「どうしてもチェックしたい作品」が出たら一気に最後までチェックするため、ずるずると沼にハマることがない
⑦スマホのタイピングを最大限に活用しつつ、仕事の50％ぐらいはスマホで処理して待ち時間などでも進めている
⑧朝の集中力が高い時間に執筆の仕事をコツコツこなしているので、どんなに忙しくても少しずつは進んでいる
⑨スピードを重視してきたのでメモや企画書を作る時間がかなり早く、知的生産系（考える系）の仕事は、感覚的に一般的な時間の5分の1くらいで終わる
⑩組織やチームを育ててきたので、自分が手を動かす量が昔より減っている

最後にも挙げましたが、そもそも会社などの組織では、役職が上がるほど「重要ではないこと」や「緊急なこと」に時間をとられる割合は減っていくものです。

したがって、ある人から見て余裕があるように見えるのは、単に役職の違いかもしれません。

ただし、私自身はかなり工夫もしています。理由の③に挙げたように、ほぼ毎晩イメージトレーニングを行っているのです。この効果はかなり大きいので、ここではこのイメトレについて詳しくお話ししたいと思います。

そもそも何をイメージしているかというと、「『緊急ではないけど重要なこと』で、このままだと1ミリも進まないことは何?」と考えながら、明日以降のスケジュールを想像しています。

たとえば、明日はミーティングが3つあるとします。ということは、ミーティングの3つの議題に関しては何かしら進捗するわけです。

1つのミーティングで30〜60分は拘束されるので、何も進まないとしたらそのミーティングには意味がないので、進んでもらわないと困ります。

これは反対の真実もあらわしていて、実は「その3つの議題以外は勝手に進まない」ということでもあるのです。

そして、往々にして現場のメンバーは目の前のタスクで目いっぱいなので、隙間の時間でほかのことを進める余地はありません。

そうした条件から論理的に考えると、「緊急ではないけど重要なこと」は誰が進めるべきでしょうか。

それは、ある程度は手が空いているリーダーやマネージャーしかいないのです。

ただし、「緊急ではないけど重要なこと」には2つの特性があります。

①それが何であるのか、一定時間頭を使わないとわからない
②いつやるか決めないと、面倒くさくて後回しになる

だからこそ私は、自分が明日やるべき「緊急ではないけど重要なこと」がないかを考えながら、1~2週間先までミーティングの予定を見ています。

するとたいてい、「1週間先のミーティングの前にリサーチして、あの資料を作っておかないと」「そういえば、あのプロジェクトについて考えていなかったな」といったことに気づくので、それらを翌日のタスクリストに入れるのです。

つまり、先手をとり「緊急ではないけど重要なこと」を処理するようにしています。先回りしてやることのメリットは、「好循環に入れば、かなり余裕が生まれる」ということ。当然のことですが、これがけっこう重要です。

なぜなら、「緊急ではないけど重要なこと」というのは「将来の生産性」や「将来の成績」に影響を与えることが多いからです。

とはいえ、ほとんどの人にとっては毎晩のように考える時間を確保するのは現実的ではないと思います。

そこで、私がおすすめしたいのは、「金曜日の夕方にほかのスケジュールをブロックして、来週の仕事をイメージする時間を確保する」方法。

前職のコンサルファーム時代に先輩がやっていた方法なのですが、毎週金曜の17〜19時頃の1時間はミーティングなどを入れず、自分で自分にアポを入れるのです。

そして、その1時間で翌1週間の動き方をイメージし、タスクに落とし込むということをやっていました。

これなら多くの方が実践できるのではないでしょうか。今すぐにでも、毎週金曜の自分のスケジュールを押さえましょう。

対話する相手のレベルを変えれば、新しい視座が得られる

第2章では、専門家に教えてもらうことの価値と、それを最大化するポイントを紹介しました。

しかし、専門家でなくても対話する相手によっては成長することができます。

そう思うようになったきっかけは、私が取締役を務める企業が２０２１年に上場したことです。

上場に向けて「金融」というテーマについてひたすら研究していたのですが、実際に上場してからというもの、「ＩＲ」の重要性を感じる機会が急激に増えています。

ちなみに「ＩＲ」は「Investor Relations」の略で、上場企業が株主や投資家、その他のステークホルダーに対して、財務状況などを提供する活動全般のことを指します。

もともと財務分析などは好きだったので、有価証券報告書などを見る癖はあったのですが、それを作る側や伝える側、評価される側になる経験は初めてです。

正直なところ、上場する前までは「ＩＲといっても結局、サービスや事業の話を数字で話せばいいんでしょ」くらいに思っていました。

ただ、実際に上場してみて気づいたのは、「ＩＲの奥深さ」です。

個人投資家にしても機関投資家にしても、経営を見る目はかなりシビア。お金をわれわれに預けているので当然のことではあります。

投資家としての性質もあるのかもしれませんが、見ている視点がほかの職種の人とはまったく違っているのです。

たとえば、サービスや事業を作る段階というのはある意味、未来の妄想の話です。どういう世界観を目指し、どういうコンセプトで、どういうプロダクトを作るのか。それを他人に伝えるのは得意としていたのですが、比較的多くの投資家が見ているのは妄想ではなく「数字」のみ。

言うなれば、未来というよりも、確実な過去やトラックレコード、現在だけを見ているという印象です。

創業メンバーとしてスタートアップに携わってきた身としては、人種が違いすぎるという感覚を覚えています。

私たちスタートアップ側からすると、人生で1～2回程度しか創業～上場は経験しませんが、投資家としては何百～何千と見てきていて、数ある会社の中の1社でしかありません。

大量の成功事例や失敗事例を見てきているので、見る目がシビアになるのは当たり前だと思います。

とにかく、百戦錬磨の投資家や「IR」から学ぶことが本当にたくさんあります。

この経験を言い換えると、「対話する相手のレベルを変えれば、新しい視座が得られる」ということになります。つまり、対話する相手によって成長できるチャンスがあるのです。

あるいは、普段の仕事でも対話する相手を変えることで気づきが得られることもあるでしょう。

普段は社内の同僚と対話していることが多い人が、何かのきっかけでユーザーと話してみると「なるほど、そういう使われ方をしているのか」と新しい視点に気づいたりするものなのです。

そうした「視座を変える対話」で重要なのは、「自分より多くの視座を持っている人と話すこと」だと思います。

社内で言えば、部長よりも本部長、本部長よりも取締役、取締役よりも株主という感じです。たくさんの視座があるほど、自分とは違う視点からの気づきが得られる可能性も高まるからです。

また、そもそもきちんと「対話する」こと自体が重要です。「質疑応答を続ける」と言えばイメージしやすいでしょうか。

一方的に話したり、聞いたりするのではなく、「これってどう思いますか？」「なぜこうしないのですか？」などと質問することで、対話を深めていくほど、新しい視座が得られるのです。

対話する人のレベルによって、成長スピードは確実に変わります。

つまり、普段からより高いレベルの人と対話ができるように意識し続ければ、おそらく常に成長し続けられるということです。

「ニーズから話す技術」でリーダーシップが高まる

私は会社で年に数回、エグゼクティブ向けのコーチングを受けているのですが、いつも何かしらの深い学びがあります。

ある日のコーチングで紹介されたメソッドが非常に参考になったので、皆さんにも紹介したいと思います。

そのメソッドとは、通称「ＮＶＣ」。

「ＮＶＣ」は「Nonviolent Communication」の略で、訳すと「非暴力コミュニケーション」となります。

概要をNVC Japanの公式サイトから引用します。

１９７０年代に、アメリカの臨床心理学者マーシャル・Ｂ・ローゼンバーグ博士によって体系化され、提唱された、自分の内と外に平和をつくるプロセス

これだけではなかなかピンときづらいかと思いますが、コーチングを受けた内容をシンプルにまとめると「ニーズから対話すること」だと私は解釈しました。

たとえば、ある職場に「よく遅刻する人」がいたとします。あなたはその人の上司で、改善してもらわなければなりません。

このとき、「注意する」「要求する」といった行動をとるのが一般的でしょう。遅刻しないように注意したり、遅れないように要求したり、直接的に指摘したり、遅刻ペナルティを科すようなやり方です。

一方、「ニーズから対話する」場合は、自分と相手のニーズから会話して改善を求めることになります。

たとえば次のように説明する形でしょうか。

「私はチームのメンバー全員に、業務を効率よく進めてほしいと思っています。そして、チームにはある種の秩序が必要だと思っています。そのため、複数回にわたって遅刻されると私のその考えが阻害され、あまり気持ちよくないと感じます」

このときのポイントこそ「ニーズから話す」ということです。

「自分のニーズ」から話しているのであって、相手の言動については判断していないという点が重要です。

前提として自分が求めているニーズがあって、それを満たせていない状態があり、だから私はこう感じているので改善してほしい、というような流れで話します。

これが「ニーズから対話する」ということです。

あえて対比すると、「×××しないでください」というのは要求から話しています。求める行動は同じですが、出発点が違うということです。

この「ニーズから対話する」ことの大きなメリットが、「強力なリーダーシップにつながる」ことだと言えます。

具体的には、次のようにコーチが説明していました。

「ニーズで対話できるようになると、外側に善悪はないと気づけます。反対に、すべての人の内側にポジティブな気持ちがあることにも気づけます。そして、こういう人間理解に基づくリーダーシップは非常に強力です」

要は普通だと対立してしまうような「A」と「B」の関係でも、調和させてしまえるリーダーシップがとれるということです。

実際にNVC理論を使うことで、長年にわたって対立していた民族紛争を解決できることもあるそうです。もっと身近な例を挙げると、家族間の衝突などもこの手法によって解決できる可能性が大きく上がるとのこと。

私もこの「ニーズから対話する」を実際に活用しようと試みてみましたが、正直、想像以上に難しく感じました。

簡単ではないのですが、この手法を取り入れるようになってから、リーダーシップがレベルアップしたような感覚はあります。

今までなら「絶対に◯◯してほしい」と言いづらかった場面でも、「自分は◯◯というニーズを持っていて、それに対して△△だと思っている」と最初に伝えることで、よりスムーズにコミュニケーションがとれるようになっています。

相手のニーズを尊重しつつも自分の要望を示しやすくなったのです。

興味がある方は、YouTubeなどで検索すると詳しく解説した動画が出てくるはずです。まずは少しだけでも実践してみることをおすすめします。

「信頼」と「信用」の違い

「自分は北野さんのことを信頼していますが、北野さんは自分を信頼しきっていないと感じることがあります」

あるとき、仕事を一緒に行っている方にこんなことを言われました。

私はこの言葉を聞いてショックを受けたというよりも、「あれ？　そうなの？」と思いました。

というのも、私はその人のことを「けっこう信頼していた」からです。

頭の中が「？」で埋まってしまい、信頼が伝わっていないのはどうしてなのか考えるようになりました。

その結果、わかったのは「信頼」と「信用」は違うということ。

違いを明らかにするために言葉の定義をしましょう。

ここでの「信頼」とは、両者の関係の良し悪しの話です。

絶対的なもので、その人の人格への評価とも言えます。

一方の「信用」とは、バリューや成果に対する期待値のようなもの。

「Aさんにこの仕事を頼んだら、これぐらいちゃんと成果を出してくれるだろう」という期待値の話です。

私は、冒頭の発言をした方の人格は「信頼」していました。

しかし、いくつかの領域において、正直なところ「信用」はしていなかったと思います。

つまり、ある業務に関しては100をお願いしても70か60ぐらいの結果しか出てこないのではないかと思っていたのです。

冒頭の発言は、「信頼」と「信用」が同じものだと考えていたら間違いではありません。しかし、両者は本来違うものなので、実際は間違っています。

ここで改めて整理しましょう。

「信頼」＝絶対的で、その人の人格への評価
「信用」＝相対的で、バリューや成果への評価

これは分離して考えたほうがうまくいくことに気づきました。

よくあるケースで説明します。

あなたは上司から「Xというプロジェクトを君に任せたい」と頼まれたとします。

この時点で、上司はあなたを確実に信頼しています。

プロジェクトを進めていくと、あなたの出した成果が上司の期待値より低かったとします。

そして上司が、「このままでは君に任せられない。やり方を変えてみよう」と指示したとします。

上司からすると、「信頼はしているが、完全には信用できない」という状態です。

しかし部下のあなたからすると、「やっぱり信頼されていないんだ」と考える可能性が高いと思われます。

これが、「信頼」と「信用」の違いを把握していないからこそ生まれる障害の典型的パターンです。

では、このような行き違いが生まれないようにするにはどうすればよいでしょうか。

私は次のような２つの防止策があると思います。

①信頼と信用の違いを理解する
②信用は「カラフル」でグラデーションがあるものとして使う

①の違いを理解するのは当然ですが、それだけでなく、②の「信用」はカラフルでグラデーションがあると理解することも重要です。

「カラフル」というのは「項目がたくさんある」という意味で捉えてください。「グラデーションがある」というのは「程度の高低がある」ということです。

つまり、「Aさん」という1人の人物であっても、領域によって期待値が異なり、信用度も異なって当たり前なのです。

「Aさんなら資料作成は100％信用できる」
「Aさんによる部下の育成は40％しか信用できない」
ということが同時にあり得るということです。

チームで動くなら、関係性の上に成り立つ「信頼」はもっとも重要な要素です。なぜなら、絶対的な評価に近いから。

でも、「信用」は相対的なもので、状況の変化によって評価も変わるものです。

こうした違いを認識して使い分けられるようになると、ビジネス上の行き違いは少なくできるはずです。

さて、あなたは「信頼」と「信用」を使い分けられていますでしょうか。

日々のビジネスを進めていく上で、あらゆるシチュエーションでかかわってくる問題ですので、ぜひ意識してコミュニケーションをとることをおすすめします。

個人は信頼する、社会は信頼しない

「信頼」と「信用」の違いについて把握したら、今度は「信頼のスタンス」について考えてみましょう。

以前、ある経営者と話したときに「自分の強みは人を疑うこと」とおっしゃっていました。

疑い深いのが強みという考え方が面白いと感じたのですが、そう思ったのは私とはスタンスが真逆だったからでしょう。

私の「信頼のスタンス」ははっきりしていて、「個人は信頼するが、社会は信頼しない」という考え方です。

「個人は信頼する」とは、1対1のコミュニケーションにおいては悪意よりも善意を信じ、まずは信頼するということ。

なぜなら、そのほうがコスパがいいですし、コミュニケーションで無駄が出ないからです。

性善説や性悪説、性弱説という考え方もありますが、私は基本的には性善説をベースにしています。

そのため、初対面の人からの依頼なども可能な限り1回は受けるようにしています。

ただし、明らかにおかしな人だった場合などは、いっさい近寄らないようにすると いった防衛策も講じています。

人の善意を信じるのにはさらなる理由もあります。

善意を前提にしていると、善意のある人が集まってくると考えているのです。

ビジネスの世界では、性善説を信じている人はお金が稼げない印象があるかもしれませんし、実際のところ短期的にはそうかもしれません。

ただし、善意があるのにお金を稼げるリーダーもいます。

長期的に見れば、そういうリーダーのもとには善意のある人が集まるのではないでしょうか。

反対に、悪意を前提にしていると悪意のある人しか集まりません。

悪意のあるリーダーからは善意のある人が離れていきます。

悪意があって利害関係だけで人を見るようなリーダーのもとには、利害関係でつながった人しか残らないはずです。

そうした考えから、個人の善意を信じたほうがいいと思っているのです。

あとに続く「社会は信頼しない」とは、文字通り、たとえば「国が保証してくれる」、「会社が補償してくれる」、「世の中が何とかしてくれる」といったことをまったく信じていないのです。

組織体を信頼していないと言えばわかりやすいでしょうか。

物理的に存在していない組織には善も悪もないと思うので、信じることができないのです。

そうした「社会」よりは、自分自身を圧倒的に信じるようにしています。

話を「個人」に戻しましょう。

「性善説で人を信じている」と話すと必ず、「裏切られたりしないんですか?」「何度も裏切られてきたんですが、どうすればいいですか?」などと聞かれます。

その答えは私の中では明確で、実は「裏切られること」よりも「選択肢がないこと」が本質的な問題だと考えています。

つまり、「人を信じるかどうか」ではなく、「選択肢を持っているかどうか」が重要だと私は思います。

私自身メディアに出るようになり、知人を紹介してくれたり新しい仕事相手につなげてくれたりする人が増えました。

そんな場合も最初は性善説で向き合い、人を信じるところから始めます。

とはいえ、「何かおかしいな」「(話を聞いてみると)やはり、かかわりたくないな」と思うケースはどうしても出てきます。

そんなときにどうするかというと、明確に断るのです。

「都合が合わないのでお断りします」「私では力になれません」といった理由とともに、キッパリと断ります。

どうしてはっきり断れるかと言えば、「断る」という「選択肢」を常に持っているからです。

そして、どうすればそんな「選択肢」を持てるかと言えば、自分が嫌われることに覚悟を持っているからだと思います。

断ったことで嫌われても仕方ないと思っているからスパッと断れるのです。

信じて裏切られたり、裏切られて傷ついたりする人は、本当は「自分が嫌われたくない」と思っているのが根本的な原因なのではないでしょうか。

「いい人だと思われたい」「周りに好かれたい」という思いがあるので断れず、裏切られることにつながってしまう面は少なからずあると思います。

もしも、誰かに嫌われて縁を切られたら生きていけないような状況だとしたら、その状況こそが大きな問題なのです。

性善説は理想論だとよく言われますが、その理想を実現するためには、「断る」などの選択肢をいくつか持っていることが必要だと思っています。

人に裏切られることが多いなら、「断る」という「選択肢」が持てるように意識してみてください。

「信頼される」とは「一貫している」こと

さて、前項では自分が「信頼する」ことに関する話でしたが、ここからは視点を変えて自分が「信頼される」ことについても考えてみます。

当然、「信頼感がある」といろいろな人とかかわりが持てサポートしてくれるので、ビジネスパーソンにとって「信頼される」ことはとても重要です。

では、われわれはどうすれば「信頼される」のでしょうか。

結論から言うと、「一貫している」ことが必要なのだと、私は思います。

一貫性と信頼感の関係は、ブランドについて考えるとわかりやすいと思います。

「ブランドとは何か？」という話でよく出てくるのが「期待感」です。期待感によってブランドが醸成されます。

「スターバックスに行けばこんなことが期待できる」「ナイキのスニーカーならこんなものが期待できる」というイメージです。

その「期待感」が何から生まれるかと言えば、「一貫性」だと思います。

一貫してずっと同じことをやっているからこそ、期待されて、信頼にもつながるのです。

私自身に置き換えると、小さい頃からずっと一貫してきたのは、「自分が企画したことで周りに楽しんでもらう」こと。それが達成されたときに喜びを感じてきました。それは今でも続いていて、本業でも書籍でも同じです。世の中が「あっ」と驚くことを考えて実現することを仕事の中心にしています。

幼い頃から今まで一貫しているので、「企画して誰かを楽しませる」という行為はこれからも一生続けていくと思っています。

もしも、あなたがビジネスのフィールドで信頼されていないと感じていて、まだビジネス上の一貫性が乏しい状況なら、自分が小さい頃や若い頃から一貫して行っていることの話をするのも1つの手だと思います。

「自分はこうやって育ってきて、こういうことをずっと大切にしてきたので、今はこれがやりたいんです」といったようなエピソードを伝えると、一貫性が見えて信頼感や安心感につながることもあるはずです。

最後に、前項の内容をふまえ、「人を信頼すること」「人に信頼されること」について改めてまとめます。

・性善説をベースにして「個人は信頼する」、一方で全体は信頼しない
・信頼したほうがコミュニケーションに無駄が出ない
・長期的に見ると、善意のある人のもとに善意のある人が集まる
・信頼して裏切られるのは、「断る選択肢」を持っていないから
・ビジネスでは「信頼される」ことが重要
・「信頼される」には「一貫性」が必要

一度は人を信頼する、断る選択肢が持てるようにする、自分の一貫性を振り返る……など。「信頼する」も「信頼される」もビジネスだけではなく人生においても大切なことなので、できることから始めてみましょう。

「エフェクチュエーション」から学ぶ人的資産を育てる重要性

　数年前に「エフェクチュエーション」という言葉を初めて知りました。

「エフェクチュエーション（Effectuation）」とは、「成功を収めてきたような優れた起業家に見られる意思決定プロセスや行動パターンを体系化した市場創造の実効理論」です。インド人経営学者のサラス・サラスバシー氏が2008年に提唱しました。

　何だか難しそうに聞こえますが、簡単にまとめると……

「新しいことをやる人には共通の行動プロセスがある」

「成功した起業家には共通の行動様式がある」

ということです。

　この概念を理解するには、対になる概念である「コーゼーション（Causation）」と比較するのがわかりやすいと思います。「コーゼーション」を簡単に説明すると、「先に目標を立てる」という考え方です。

　先に目標や目的を決めて、そこから逆算していく方法なので、「目標設定型の逆算的アプローチ」とも言えます。

一方、今回のテーマである「エフェクチュエーション」は、「手段から考える」という思考法です。

具体的には「３つの資源」から考えていくというアプローチです。

誰もが持っている「３つの資源」に着目することで、「自分は何ができるか？」という観点から事業、サービス、プロジェクトなどのやることを決定します。

「３つの資源」とは次の通りです。

①自分が誰であるのか？（特質、能力、属性）
②何を知っているのか？（教育、専門性、経験）
③誰を知っているのか？（社会的ネットワーク）

この中で私がもっとも「なるほど！」と思ったのは、③の「誰を知っているのか？」です。なぜなら、意外と見落としがちだからです。

ビジネスオンラインサロン「ＳＨＯＷＳ」の１on１でも感じていることですが、①

と②はわりと多くの人が考えています。

でも、優れた起業家は③の「誰を知っているのか？」も重視しているのです。

事業やサービスを立ち上げるときは「これまでにつながっていた人的リソース」や「新たに獲得した人的リソース」がものすごく重要になるのは言うまでもないでしょう。

だからこそ、①②③すべての資源を明らかにしてから、そして「何ができるか」を考えるのです。

「何ができるか」を考えたあと、それを実行に移すと、新しいパートナーや人々と出会うことになります。

そして、その中から新たなコミットメント（信頼など）が生まれ、新たなパートナーシップも構築できます。

そこからまた新しい「③誰を知っているのか？」や「②何を知っているのか？」の選択肢が増えていきます。

言い換えれば、「3つの資源」が大きくなるのです。

そして、そのときの大きくなった「3つの資源」を使って「何ができるか」を改めて考えます。

このように、雪だるま式にぐるぐると「できること」を広げていくイメージです。複利の仕組みにも近いと思います。

私自身に置き換えて振り返ってみても、「自分が誰であるのか？」「何を知っているのか？」を基準にしながら「誰を知っているのか？」の幅を広げていくことで、「できること」が増えてきた印象があります。

その意味でも、この「エフェクチュエーション」には納得できるところがあり、学んだことがたくさんありました。

さて、話がここで終わると、起業家や新しく何かを生み出す人でないと「エフェクチュエーション」は関係ないように思えますが、今回の話は一般のビジネスパーソンにも大いに関係あると思っています。

なぜなら、私が注目した「③誰を知っているのか？」は、「誰とつながっているか」とも言い換えられ、どんなビジネスの世界でも「人とのつながり」は重要だからです。

「人とのつながり」の重要性はいろいろな角度から説明できますが、ここではキャリア論に関するある理論を引き合いに出したいと思います。その理論の結論として、

「人のキャリアを大きく変える要素」が3つ挙げられます。

Aソーシャルキャピタル（人とのつながり、人的資産）
Bキャリアクラフトマンシップ（自分のキャリアを自律的に築いていく能力やスキル）
Cエンパワーメント（誰かにエネルギーをもらったり応援してもらったりすること）

ここでもやはり「人とのつながり」が出てきますが、長期的な視点でもっとも重要なのも「A」だと思います。

なぜなら、「B」と「C」はお金をうまく使えば、あとからでも手に入れることが可能だからです。

しかし、「A」の「人とのつながり」だけはお金を使うだけで手に入れられるものではありません。

さらに、「人とのつながり」はキャリアを変えるときだけでなくビジネスの多くの場面で必要ですし、ステップアップすればするほど「人とのつながり」で仕事が決まっているものです。

私も昔は「人とのつながり」で仕事が決まるような世界に興味がありませんでした。しかし、見ないようにしていても目の当たりにすると「人とのつながり」が重要だと認めざるをえません。

『転職の思考法』の中でも、20代は専門性、30代は経験、40代は人的資産が重要だと書いていますが、その「人的資産」の重要性をいっそうひしひしと実感しています。

要は、起業や転職を考えていなくても、ビジネスパーソンである以上は「ソーシャルキャピタルに投資する」というイメージを持つのがおすすめです。

とくに、年齢を重ねるほど「ソーシャルキャピタル」は固定化され、新たに獲得するのは難しくなるものです。

「投資する」という言い回しが難しいと感じるようなら、ソーシャルキャピタルを「育てる」といったイメージでもよいと思います。

「人とのつながり」「人的資本」「ソーシャルキャピタル」……。名前もしっくりくるものでかまいません。

「誰を知っているのか？」を意識して、これまで接してこなかったコミュニティなどとつながりを持つことも試してみましょう。

第4章　チームの価値を上げるためにあなたができること

大きな成果や確かな結果を残すことを考えたら、
たった1人で成し遂げられる仕事というものは、
この世界に存在しないのではないかと、私は思います。
組織に属する方もフリーで活動する方もビジネスにおける
「チーム」での役割や立ち振る舞いこそ重要です。
チームの価値を高めるために、われわれができること、
やるべきことを考えていきましょう。

「大きな組織や集団を動かす」には「とにかく実例を作る」のが得策

私がビジネスを進める上で得意としていることの1つに「小が大を動かす」ということがあります。

言い換えるなら、「小さな個人やチームで大きな組織や集団を動かすこと」です。

これまで、この特技を活かして、本業でも様々なプロジェクトを推進してきました。

具体的には、「『Forbes JAPAN』との『際立った採用戦略で優秀人材の獲得に成功している企業』を表彰する企画（「採用がすごい会社」TOP10）」、「毎日放送（MBS）との2拠点同時生放送ライブ（『西日本 POWER LIVE』）」、「『Abema Prime』とコラボした12時間ライブ（『どうする？就活2022 with コロナの働き方』）」などです。

これらはすべて、ほぼゼロから単独でアタックして企画を進め、自分たちのチームよりもはるかに大きな組織を動かして実現しています。

こういったチャレンジングな「提案型」の仕事のときに何よりも大切だと思っているのは、「論」と「実例」の使い分けです。

説明する前に、まずは言葉の定義をします。

ここでいう「論」とは、「こうあるべき」とか「理屈で考えてこうなっているはず」といった抽象的な「理論」です。

一方の「実例」とは、とにかく1回でもいいので「成果が出た具体例」のことを指します。

たとえば営業であれば、「新しい工夫によってA社との契約をまとめた事例」というようなイメージです。

私は、大きな組織や集団を動かすときには「実例」が絶対に必要だと思っています。

イメージであらわすと……

実例>>>>>>>論

となるほど相手に与える影響力が違います。

とくに、「イノベーターではない人」と対峙するときこそ重要度が増します。というよりも最近は、「イノベーター」か「イノベーターじゃないか」の違いは、

「論」と「実例」の使い分けなのかもしれないと考えています。

未知のウイルスを例にとってみるとわかりやすいでしょう。

「新たな感染症が海外で流行して感染力が高い」
↓「いずれ日本でも確実に流行する可能性がある」
↓「水際で効果を抑えるにはどうすればいいか？」

と先回りして考えるのは理論的であり、「論」で考えるということであり、これがイノベーター的な考え方です。

一方、「実例」のみで考えると、「海外で新たな感染症が流行している」と聞いても最初はピンと来ません。

ただし、「日本で集団感染が起こった」「日本で重症患者が出た」となると急に動き出します。

ビジネスではこのような「実例を重視した前例主義」が多く見られます。

社内のAさんが「新しいことをやってみよう」と提案したときに、組織や集団が大きければ大きいほど「前例がない」となってストップがかかりがちです（皆さんも同様の経験があるでしょう）。

「新しいこと」＝「前例がない」のは当たり前なのですが、組織や集団が思考停止だと理論的に考えられなくなるのです。

そのため、「前例がないから」という理由で一律にNGとなるという現象が起こります。

ここでいったん整理すると……

「イノベーター」＝理論でも実例でも考えられる
「非イノベーター」＝実例からしか考えられない

というふうにまとめられると思います。

では、実例がない場合はどうすればいいのでしょうか？

逆説的になりますが、「どんなに小さくてもいいので先に実例を作る」ことが重要だと思っています。

私がよくやる実例の作り方は次の2つです。

①まずは自費でもいいのでプライベートでやってみる
②「ルールを破らない」ギリギリの範囲内でやってみる

たとえば、自社のYouTubeチャンネルの制作はまさに「実例作り」からのスタートでした。

当時、会社全体でもほとんどYouTubeの動画制作や編集を行っていなかったので、まずは自分でYouTubeチャンネルを立ち上げて率先してやってみたのです（もちろん、会社のルールの範囲内で情報などを公開しました）。

動画編集ソフト「Adobe Premiere Pro」や、グラフィックデザインツール「Canva」も自分で調べて使いました。

私は、この「実例作り」で得た知見を転用させるということをよくやっています。

「実例」を伴った話は説得力がありますし、多くの人にとっても理解がしやすくなるものです。

そのため、「論」だけで突破するよりもはるかに速いスピードで物事が進みます。

とくに大きな組織や集団は、どうしても手続き的になりがちな面があるため、「論」だけで無理やり突破するのは〝1000%〟不可能です。

だからこそ、わかりやすい「実例」を見せることが重要になります。

これこそ「小が大を動かす」ときの最大のコツと言えます。

「スモールスタート」や「スモールステップ」が成功の秘訣だとよく言われますが、「小さくてもいいから実例を作る」という話と通じるところがあるかもしれません。

当然ですが、「とにかく前例を作って大きな組織を動かす」という方法は、他社に対してだけでなく、社内でも非常に有効です。

実例作りを意識することで、あなたの実現したい企画を前に進めましょう。

「居場所」と「役割」を現場から生む方法

慶應義塾大学の社会人教育機関が開催している「夕学五十講《せきがくごじゅっこう》」という講演会があるのはご存じでしょうか。

以前に、そこで講演させていただいたことがあるのですが、そのときの印象的な出来事を紹介します。

講演のテーマは「これからの生き残り方～組織と個人～」でした。その話の中のポイントの1つが「居場所と役割」です。

人が活躍するための重要な要素として、「居場所」と「役割」があり、「居場所」があるからこそ心理的安全性が感じられ安心して業務に取り組め、「役割」があるからこそモチベーションが上がり、力が発揮できるという考え方です。

講演では経営者やマネジメント、リーダー層を想定して話していたのですが、最後の質疑応答でおそらく私よりも若い女性の方が手を上げて、こんな質問をしてくれました。

「私は役職のない現場のメンバーです。今回のお話では、『居場所と役割』は経営者や上長が与えてくれるような印象を受けました。でも私は、『居場所と役割』は自分たちで見つけるものだと思っています。経営側から見ると、現場がどうしてくれたら嬉しいものでしょうか？」

これは本当にすばらしい質問だと思いました。

どうすれば会社や組織、チームに貢献できるのかと真摯に考えているからこそ出てくる質問だからです。

そして正直なところ、そのときの講演内容は現場目線で考えていなかったので、少しだけ考える時間をもらい、まず「役割」について次のような回答をしました。

「上長の人と自分の時間単価の違いを認識しながら、自分の役割を自ら定義できる人は助かります」

私の周りから具体例を挙げると、「これは北野さんがやるべき仕事ではないと思ったので私がやっておきました」と言ってくれるメンバーがいます。

組織の役割で考えると、これはすごく助かります。

取締役（という役割）にはもっと付加価値が高いことをやってもらうべきだと考え

て、自分がやるべきことを定義して自ら動いてくれているからです。

もう1つ、「居場所」については、次のような話をさせてもらいました。

実は「居場所」は、経営者やリーダーが用意したいと思っても提供するのは難しいものです。

「居場所」が安心できるように、なくならないように、「困ったことがあったら何でも相談してください」と言っても、実際のところは非常に相談しにくい状態。悲しいかな、そんな環境の職場は日本にたくさんあるのではないでしょうか。

現実の働く人の「居場所」は、仕事内容はもちろん、オフの雑談、何気ないコミュニケーションからも生まれるものだと思っています。

では、そんなときに何が重要かと言えば、決して「悪口を言わないようにする」ことです。

「悪口」と「悪口ではない」の違いは、その人の目の前で「その言葉」を言えるかどうか。目の前で言えないことは、すべて「悪口」だと思ってください。

たとえば、「(部下に向かって)あなたは仕事ができない」とか「(上司に対して)あなたのことがムカつく」といった言葉は本人の前では絶対に言わないのではないでしょうか。

一方、「あなたのこういう部分は課題だと思うので、こう改善してもらえたら嬉しい」といった言い方なら本人に直接伝えられるでしょう。

内容は変わらないとしても、言い方や配慮などで大きな違いが生まれます。

本人の前で言えないことはほかの場でも言うべきではありません。

そもそも悪口というものには、一切リターンがないのでやめるべきです。もっと建設的な話をしたほうがいいですし、そうしたほうが自分の居場所も自然と確保できると思います。

こんな話をしたら、質問してくれた女性も納得してくれたようでした。

自分の「役割」に適した仕事を見出し、お互いのいい部分が引き出せる「居場所」を作るように意識しましょう。

「抜擢」が組織にとって必要な理由

私が取締役を務める企業では、２０２２年の１月に執行役員を４名登用しました。

この４名に関してはほぼ「抜擢」と言えるほどの人事であり、大抜擢といってもいい人物までいました。

執行役員への登用は「強み」にフォーカスして行っています。

私は組織にはそのときに応じた最適なフォーメーションがあると思っていて、組織は変わり続けるべきだと考えています。

組織が普遍的ではないことを強調するために、あえて「フォーメーション」という言葉を使っているのです。

私個人としては、人事制度の中でも「年功序列」ほど組織を愚かにするものはないと思っています。

終身雇用に関してはよい点もたくさんありますが、年功序列だけは絶対に避けるべきです。

なぜなら、市場（マーケット）のロジックを完全に無視しているからです。冷静に考えてみてもわかると思いますが、「年功序列」は視点が自社にしか向いていない制度だと言えます。

わかりやすいように視点を変えて、お金を払うユーザーの立場から考えてみましょう。

たとえば、スーパーで何かを買うとしましょう。

そのスーパーの人事制度が年功序列で、年齢が高い人ほど評価されているかどうかは関係ないです。

あるいは、車を買うとしましょう。

年齢が高いセールスパーソンから買いたいかというと、まったく関係ないのではないでしょうか。

大切なのはあくまで、サービスやプロダクトの内容であるはずです。

つまり、「年功序列」は供給側である企業の理屈であって、ユーザーにはまったく関係ない話なのです。

意見が偏らないように「年功序列」のよい部分も考えてみます。

「年功序列」のような考え方は、勤続年数や在籍期間のウェイトを高くして評価するということです。

もしも採用条件や社員の能力が均一なら、経験が豊富な人ほど知識や貢献度が高くなるという考え方には一理あります。

でも、能力などの要素が均一ということがあるでしょうか。

「入社1年目の新卒社員」と「入社10年目の社員」を比べれば、業務や業界の知識、人脈などを多く広く持っているのが後者である可能性が高いはずです。

次に、「入社10年目で活躍している社員」と「入社30年目で活躍していない社員」を比べたらどうでしょうか。

どちらのほうが知識が豊富で会社にとって貢献度が高いのかわかりづらくなります。

「ほとんど未経験の人」と「ひと通り経験した人」の間には明確な差がありますが、「ひと通り経験した人」と「長年ぼんやり続けてきた人」の差はよくわからないものなのです。

こう考えただけでもある種の「ねじれ」があることがわかります。だからこそ「抜擢」が必要なのです。

つまり、「まだ経験が少ないのに成長角度が明らかに高くて実力がある人」に関しては、何かしらの救済措置を行う必要があります。それが「抜擢」ということです。

もちろん、経験が少ない人、若い人を抜擢する際はリスクも伴います。

実は能力が欠けていたり、人を見る目がなかったり、リスク管理が弱かったりといった「弱み」があるかもしれないからです。

しかし、その「弱み」を無効化し、「強み」にフォーカスすることこそ「強みの経営」の真髄であり、「戦略人事」＝「フォーメーションチェンジ」だと私が考えている理由です。

「フォーメーション」を変化させることで「弱み」をカバーすること、「強み」にフォーカスすることはそれだけ重要なのです。

ここでいったん伝えたいことをまとめると、次の2点になります。

①自社の都合から離れるために、組織には「抜擢」が必要

②「抜擢」は、弱みではなく強みの組み合わせを考えること

古きよき日本の大企業は「フォーメーションチェンジ」が苦手な傾向があります。

逆に言えば、小さな企業や組織こそ「フォーメーションチェンジ」を行いやすいはずです。

また、日本経済が発展するには若くて有能な人材を抜擢できる人事制度が不可欠だと思います。

「組織」＝「変化するフォーメーション」と捉え、人材の「強み」にフォーカスして「抜擢」し適材適所に配置することが必要です。

そして、何より若手の皆さんは、その「抜擢」の機会を虎視眈々と待ちながら、自分の「強み」を研ぎ澄ませることが大切です。

どこで働いていても、「抜擢」される人材を目指しましょう。

メンバーの価値観を知ることで、チームのパフォーマンスは上がる

皆さんは、「価値観ババ抜き」をやったことはありますか。

私はチームビルディングの際によく使っているのですが、おすすめのワークショップなので概要を紹介します。

使用するのは「values card（バリューズカード）」と呼ばれるカード。それぞれのカードには「勝利」「仲間」「愛」「プロフェッショナル」など、89種類の価値観が書かれています。

最初に5枚ずつカードを配り、山札から1枚ずつ引いては捨てるを繰り返し、最終的に自分の価値観にぴったり合う5枚を選ぶという流れです。

そして、残った5枚のカードを使って自分の価値観を参加者に説明します。

カードの中には、「卓越性」「プロフェッショナル」など、少し似たような価値観も混ざっていますが、それらを取ったり捨てたりしながら選ぶ過程で、自分の価値観が言語化されていくのも特徴的です。

最初にも言ったようにこの「価値観ババ抜き」は実際に私も使っていて、チームメンバーが変わったタイミングでは必ずやるようにしています。終わったあとは、それぞれのメンバーが選んだ最後の5枚をスマホで保存。何度か見直すことで、メンバーの価値観を暗記しています。

なぜなら、高いパフォーマンスを継続的に発揮してもらうためには、その人の「価値観」を知っておくことが重要だからです。

そもそも「価値観」というのは、その人が「自分らしくいられる」「そのためなら自主的に頑張れる」ためのガソリンの源みたいなものだと思います。

たとえば、「卓越性」という価値観を大切にしている人にとっては、「自分が担当している仕事は卓越している」「これなら卓越した成果を目指せる」などと思えれば楽しく感じられます。つまり、「卓越性」という価値観がその人のガソリンの1つになりえるということです。

当然、嫌だと思いながら仕事をするよりも、自分の価値観にあった方法で仕事をするほうが高いパフォーマンスが出せます。

そのため、「価値観の把握」はマネジメントをする人にとってとても重要だと、私は思います。

さて、問題はこの「価値観」という言葉の曖昧さです。

私が思うに「価値観」というのは、仕事においては「How」にあらわれると思っています。つまり、「仕事のやり方」「仕事の進め方」「目標の立て方」などに「価値観」が出るのです。

やらなければならない業務がいろいろとある中で、「あまり気が乗らない仕事」もあるでしょう。それは当然のことですが、実は「あまり気が乗らない仕事の進め方」もあるのです。

改めて整理すると次のようになります。


「What」＝「やること」

「How」＝「やり方、進め方」


たとえば「卓越性」を重視する人と「貢献」を重視する人では、同じ「業務（What）」でも、その人に合う「How」が異なります。

必然的に、コミュニケーションの方法も変えるべきなのです。

たとえば、「卓越性」を重視する人にはこう話します。

「No.1を目指そう。他社にないやり方をしよう」

一方、「貢献」を重視する人にはこう話します。

「私の力になってほしい」「チームの中でこんな役割を果たしてほしい」

どちらも登る山は同じですが、登り方が異なるといったイメージでしょうか。

私は「価値観ババ抜き」をやることでメンバーの「価値観」を知るようにしていますが、もちろん、「価値観」がわかるならほかの方法でもかまいません。

「価値観」を知ることで、「どういう仕事の任せ方がいいのか」「どういう頼み方だとやる気が出るのか」といったコミュニケーションの取り方を少しでも意識するようにしてみてください。

そうすれば、チームのパフォーマンスはきっと上がるはずです。

ちなみに、オンでの価値観だけでなくオフでの価値観や家族観なども把握できると、仕事とプライベートの優先順位などまで理解でき、いっそうコミュニケーションがとりやすくなります。

長期的な人間関係を築く極意は「周りの人を出世させること」

私に優れた能力があるとしたら、「周りの人を出世させる」能力だと思っています。

具体例を1つ挙げましょう。

あるテレビ局と共同でYouTubeの番組を作るという企画がありました。

実はその企画は、もともとはテレビ局の人事担当者の個人的な提案からスタートしています。

その後、弊社側から逆提案をして実現に至ったのですが、その担当者の方が社内調整に奮闘してくれたおかげで大きな組織を動かすことができたのです。

そして、この企画について新聞社の取材が入り記事になったのをきっかけに、テレビ局内でも多くの人に知られるようになりました。

これにより、社内的にも評価され人員を割けることになり、より注力してコンテンツを強化しバックアップできる体制が整ったのです。

こんなふうにビジネスパートナーに出世してもらう（ステージを昇ってもらう）こ

とは、私が仕事をしていて大事にしていることの1つでもあります。

その理由は2つあって、1つ目は「単純に嬉しいから」です。

もう1つは「メリットがあるから」。

クライアントの担当者を出世させることができれば、担当者の権限が増えて仕事の発注は増えるものです。

自分に置き換えてみてください。

仕事相手が出世や成長を手助けしてくれたら、その恩は忘れないのではないでしょうか。

裏を返せば、自分のためにも仕事相手を出世させる必要があるということです。

また、社内で周りのメンバーを出世させることができれば、そこからもメリットが生まれます。

周りが成長すれば、自分の負担が減って楽になるということにつながるからです。

自分が大変になったときには助けてくれるはずです。

そんな2つの理由から、私はいつも周りのメンバーをサポートしたりお膳立てしたりといろいろ手を尽くしています。

そもそも企画を立てるときにはいつも、「誰を出世させるのか」という視点を持っています。

その企画を成し遂げたときに「評価を得てステップアップするのは誰なのか」と考えているのです。いわば、主人公を決めてシナリオを描くようなイメージ。

振り返ってみると、私はいつも、「この人を勝たせたい」と決めて仕事をしていました。その中でも、とくに思い入れがあったメンバーがいました。

彼は若いときに苦労していて、紆余曲折を経てワンキャリアに入社しました。そんな境遇に加え、純粋で真面目だけど不器用なタイプだったということもあり、応援したくなったのです。

本人にも直接、「君をアシストして絶対に出世させるから」と伝えています。

実際に彼は能力を発揮し、2年連続で最高評価を得て執行役員にまで昇格しました。そのときは涙が出るぐらい嬉しかったのを覚えています。

振り返ると、「周りを出世させること」がいっそう重要な意味を持ちはじめたのは、その彼がきっかけだったと思います。

チャンスを阻害されることなく、真面目で努力をする人間が正当に評価される環境を整えたいという想いも私のモチベーションになっているのです。

改めてまとめると、人間関係を長期的に成功させる極意の1つは「周りの人を出世させること」だと断言できます。

出世した本人が喜ぶのはもちろん、自分にもメリットがあるのでwin-winの関係が成り立つわけです。

あなたも長期的な人間関係を見据え、周りの人を出世させることも意識してみてください。

企画を立てるときには、主人公を決めてシナリオを描く方法もおすすめです。

そして○○になる——やっぱり「ポジションが人を作る」

最近、改めて「ポジションが人を作る」と実感しています。

ここでの「ポジション」とは、「職業」「役職」「役割」などのことです。

マネージャーやリーダーについて、「自分はマネージャーのキャラじゃない」「自分がリーダーなんかやれる気がしない」などと端から決めつけてしまう人がいますが、これは半分「事実ではない」と言っていいと思います。

なぜなら、これまでいろいろな人の人事配置や役割を見てきて、「ポジションが人を作る」という部分が50％くらいはあると思うからです。

福山雅治さん主演の『そして父になる』という映画がありましたが、人生ってほぼすべて「そして○○になる」の連続ではないでしょうか。

「そして母になる」

「そしてマネージャーになる」

「そして経営者になる」

「そして作家になる」

など。

「○○」は「ポジション」であり、すべての「ポジション」は「できるようになったからそのポジションになる」のではなく、「そのポジションになったからできるようになっていく」ということです。

私は中高時代から文化祭や体育祭などで前に立つ立場になることが多く、何かの委員会のトップといった役割をよく担っていました。

そんな過去だけを見ると、最初からリーダーシップがあったように思えるかもしれません。

実際はどうだったかと言えば、全然そんなことありませんでした。

自己中心的で細かい配慮はできず、大雑把でスケジュール管理も甘かったので、振り返ってみるとすべてがボロボロだったと思います。

何より、人と向き合う姿勢がなってなかったのを思い出しました。人とぶつかることを避け、意見が食い違うと目を逸らすようなリーダーだった気がします。

思わず「だった気がします」と濁してしまいましたが、正直、今もたいして変わっていません。「自分はまだまだ未熟……」と感じることばかりです。

おそらく、これからも一生そんなふうに思い続けるでしょう。

なぜなら、1年前の自分ですら今の自分と比べると本当に未熟なリーダーだったと思うからです。

話を本筋に戻すと、すべてのことはやはり「そして◯◯になる」だとつくづく思います。

周りを見ても、もともとは弱々しいマネージャーだったのに最近になって自分の役割を理解し、成長している人がいます。

逆説的に言えば、人が成長するためのカギこそが「そして◯◯になる」ことだと思うのです。

この世に最初から完璧な親なんていないように、最初から完璧なリーダーや経営者もいません。

だとしたら、どうやって尊敬される親や偉大なリーダーは生まれるのでしょう。

「ポジション」が変わることで生まれる適応課題（対処すべき課題）に真摯に向き合い乗り越えようとした人だけが成長するのです。

実際にやってみるとわかりますが、「人を率いる」「経営する」を担うことは本当に大変で難しいことです。

だからこそ、それを一度でも経験するだけで強くなれます。

仮にマネージャーやリーダーから降りても、上の人やトップの気持ちがわかるようになるのです。

「ポジション」によって育った人は、たとえその「ポジション」でなくなったとしても、成長したことや学んだことがその後にも活きるということです。

「ポジションが人を作る」はそんな側面にも意味があると思います。

会社や周りから「新しいポジション」を提案されたときに、「自分なんかで務まるかな？」と不安に思っても飛び込んでみてください。最初から完璧な人なんていないので、問題ありません。

『そして◯◯になる』という作品の主人公になったつもりで謙虚に学び続ければ、きっと大丈夫です。

第5章

「価値あるもの」の前提を見直そう

自分の進む道を見誤らないように

「前提」を見直すことで、悩みや不安でモヤモヤしていたことが、パッと解決することがあります。

ビジネスでの行き詰まりは誰にでも起こることです。

あなたがこれから進む道を誤らないためにも、これまで「価値あるもの」と信じられていた思考や考え方をチューニング（調整）していきましょう。

失敗の前提を見直す

あるとき、新卒で入社した博報堂の同期と食事に行った際の出来事です。

食事をしながら私が夢や目標を熱く語っていると、同期に突然こう言われました。

「うまくいきそうだよな。唯我って失敗しないもんな」

私は驚いてこう返しました。

「いやいやいやいやいや。えっ？　どういうこと？　めちゃくちゃ失敗しまくっているんだけど」

これは本心です。

私の人生は「数多くの失敗の上で成り立っている」と心の底から思っています。

でも、周りの人からみると「失敗しない人」として見えているようです。それが個人的には衝撃でした。

こうしたギャップはなぜ生まれるのでしょう。

その後の同期との会話で、ある結論に辿り着きました。

ギャップが生まれる理由は、「失敗を失敗のままで終わらせない意欲が異様に高いから」です。

「成功」も「失敗」も定義が難しいところはありますが、私自身は前提として「人生は失敗の連続」という人生観を持っていて、「たくさん失敗したほうが面白い」とも思っています。

なぜなら、「失敗する」＝「挑戦し続けている」ということであり、それこそ生きている証拠だと考えているからです。

赤ん坊や子どもだったときのことを思い出してみてください。

それこそ、失敗の連続でいろいろと学んできたはずです。

たとえば自転車なんて、誰でも最初は乗れなかったでしょう。でも、失敗しながら練習していけば誰でも漕げるようになります。

あるいは水泳だって、誰でも最初は上手に泳げなかったでしょう。でも、失敗しながら練習すれば泳げるようになります。縄跳びや漢字だって同じだったはずです。

つまり、もとを辿れば、生きるとは「失敗の連続」でしかないわけです。

裏を返せば、成功はむしろ不自然なことだとも言えます。

しかし、大人になるとなぜかこの感覚を忘れてしまう人が多いようです。世の中には、「失敗のない人生」「失敗しない生き方」があるように思えてしまうのです（こんな世界は存在しないでしょう）。

同期との会話から、「失敗の連続こそ人生」と思っている私と、「失敗のない人生」もあると思っている彼は、まさに人生観が違うということを学びました。

私のように考える人が少数派だとしたら、「失敗して当たり前」となぜ思えるのか不思議という人が多数派かもしれません。

その疑問に答えるなら、失敗が当たり前と思えるのは「失敗をただの失敗のままで終わらせないマインドを身につけているから」だと思います。

そもそも私自身は刺激を受けやすいＨＳＰ（Highly Sensitive Person／ハイリーセンシティブパーソン）の性質を持っていますし、本来はすぐに怖がったり落ち着かなくなったりする、いわゆる「ビビリ」です。

それなのに失敗を恐れず挑戦できる理由を改めて考えると、次の2つだと思っています。

①「そもそも人生って失敗の連続だ」という前提を理解しているから
②失敗をただの失敗で終わらせない意欲が異常に高いから

もっと簡単に言うと、「失敗から学ぶ学習意欲が高い」とも言えます。

一般的には「成功から学ぶ」というスタンスを身につけている人が多いかもしれませんし、そういう内容の本やエピソードをよく目にするでしょう。

それも大切なことではありますが、ビジネスの階段を上っていくのに必要なのは「失敗から学ぶ学習意欲」だと思っています。

そして、その意欲の高さこそが、いわゆる「粘り強さ」と呼ばれるものだと実感しています。

「人生に失敗はつきもの」だと理解することができれば、最初の一歩が踏み出しやすい人生になり、より生きやすくなるはずです。

「思考のチューニング」をしよう！

私には毎朝のルーティーンがいくつかあります。

その中の1つで、以前まで気に入っていた習慣が「写経」です。といっても、私がそう呼んでいるだけで、本当に何かを写すわけではありません。

朝の誰の邪魔も入らない時間に心を落ち着けて、正座した状態でノートに文字を書いていきます。

何を書くかというと、自分が大切にすべき、人生の「スタンス」や「考え方」です。これらは、自分にとっての「大切な価値観」や「根本的な思考法」ともあらわすことができます。

わかりやすい例で言うなら、個人的な「VMV」です。

「VMV」というのは、「Vision（ビジョン）」「Mission（ミッション）」「Value（バリュー）」の頭文字です。ちなみに順番は「MVV」（ミッション、ビジョン、バリュー）となっている場合もあります。

それぞれの意味は、私はざっくりと次のように理解しています。
「ビジョン」＝ミッションを成し遂げた先の未来は？
「ミッション」＝何を使命に成し遂げていくのか？
「バリュー」＝何を大切に行動するのか？

たとえば当時の私の場合……

「ビジョン」＝自分が死ぬときに周りにいる数百人の人が「北野さんのおかげで人生が変わった」と言ってくれること
「ミッション」＝働く人への「応援ソング（コンテンツ）」を届ける
「バリュー」＝楽しみながらやる／個の優しさと強さを大切にする／人の挑戦を愛する

と言語化できます。

このような「大切な価値観」や「根本的な思考法」を毎朝思い出し、意識してアップデートする作業を「思考のチューニング」と呼んでいます。

どうして「チューニング」なのかというと、新たに何かを加えるのではなく、もともとあるものを「調整して戻す」からです。

勉強熱心な人や、学習意欲が強い人ほど、常に「足して、足して、足して」というように知識を強化しがちです。

それはそれでとても大切な姿勢です。世の中は常に変化しているので技術や知識を学び続ける必要があり、私自身も勉強し続けています。

ただし、「大切な価値観」や「根本的な思考法」といったものは「すでに自分の中にあるもの」だと思います。

そのため、「思考のチューニング」を行うことで、ざわついた心や迷い、悩みなどを打ち消し、自分の心の在り方を正常の場所に戻すことが必要なのです。

そして、私が「思考のチューニング」を毎朝の習慣に落とし込んでいるのは、忘れないようにするためです。

「記憶」は「思考」を支配しているところが多分にあります。

だとすると、「いちばんに思い出す」言葉は「思考」に影響を与えやすいはずです。つまり、「思い出したい言葉」をルーティーンで「定期的に想起」するようにしているのです。

「『大切な価値観』を定義したほうがいい」と聞くとハードルが高く感じてしまうかもしれませんが、正直、そこまで深く考えなくてもいいと思います。

生きるためや働くための「価値観」がバシッと決まる人はそういないものです。

ただし、「価値観」も課題と同じように分解して考えると定義しやすくなるとは思います。

「自分は何を大切にしたいか？」に対する答えを、「価値観A」は70％、「価値観B」は30％という具合に、分解して振り分けるところから始めるのもおすすめです。

もちろん、毎朝のルーティーンが難しければ、はじめは無理のない範囲で「思考のチューニング」を行ってみましょう。

1週間に1回でもよいですし、有給休暇をとって考えたり、非日常的な場所に行って考えたりと、自分で「節目」を作って考えてみるのもおすすめです。

また、辛いときや苦しいときは人間の本質が出るので、そんな「節目」の際は「自分が大切にしたいものは何だっけ?」と考えざるをえなくなると思います。

ぜひ、「大切な価値観」について考える機会を意識して作ってみてください。定期的にチューニングすることで、思考を整理でき余分な思考がなくなれば、余裕を持っていろんなことに取り組めるようになります。

「言行一致」を求めすぎ問題

通常、「言行一致」はいい意味でとられる言葉です。「言っていること」と「やっていること」が一致しているので、信頼や評価に値するといった意味だからです。

でも実は、「言行一致を求めすぎなのではないか？」という考え方もあります。言わば、「言行一致を求めすぎ問題」。

「言行一致」はいいことなのですが、その一方で、厳格に求めすぎるとリスクも伴います。なぜなら、人は変わるものだからです。

ある瞬間だけを切りとると「言っていること」と「やっていること」が違ってしまい、周囲を混乱させてしまうこともあるのです。

たとえば、1年後を考えてみましょう。

この瞬間に「言っていること」と、1年後に「やっていること」が完全に一致していると自信を持って言える人はどれくらいいるでしょうか。

さらに、3年、5年、10年と時間が経過していたらどうでしょうか。

10年後はそもそも、自分の身体が元気かどうかもわかりません。

あるいは、家族などの状況も変わっているかもしれません。

だとすると、長い目で見たときには「言行一致」はほぼ不可能ではないかと思います。

実際、メディアに出ている著名人が、昔の発言を切りとられ数年後に炎上するというケースもあります。

さて、この「言行一致」について、考えるべき問いは2つあると思います。

①そもそも「言行一致」で「あるべき」なのか
②どれくらいの「期間」を「言行一致」にすべきなのか

いろいろな考え方があるかもしれませんが、私の考えをまとめたいと思います。

まず、前提として重要なのは……

「行動」＞＞＞＞＞「言葉」

ということです。

私は言葉よりも行動のほうが何倍も重要だと考えています。

つまり、そもそも「言行」は並列ではないのです。

「有言実行」という言葉がありますが、その一方で「不言実行」も日本人の美徳としてあります。何も言わずにやる人はカッコいいという価値観です。

そして、「言うこと」よりも「やること」のほうが本音は出るものです。

実際に私は採用面接の際にも、相手が「何を言ったか」だけで判断することはありません。志望動機などを単体で見ても、まったく信じられないと思っています。

むしろ、その人が「どういう行動をとったのか」「普段どんな行動パターンをとっているのか」といったところを聞いて参考にします。

そして、その行動パターンの延長線上で本当の意味での志望動機を理解するようにしています。

では、「言行一致」の本質とは何でしょうか。

それは結局、「約束」だと思います。

自分が誰かに宣言したことを守るために行動するという「約束」だと思うのです。「約束」であるからこそ、両者が同意すれば「更新可能」であるべきです。

企業で言えば、業績予想は約束。そして、業績予想が上振れや下振れとなったら、早めに修整する必要があるだけです。

SNSが発展したことで、「約束の更新」がしにくくなったのが根本的な問題なのだと思います。

過去の約束が切りとられ、今でも有効な約束のように思われてしまうからです。

約束だからといって「自分が言ったことに縛られすぎる人生」はかなり苦しいものでしょう。それは、相手にとっても同じことです。

言行一致を求めすぎないように少しでも意識すると、自分にも他人にも寛容になれるはずです。

あなたは、周囲の人に「言行一致」を求めすぎていないでしょうか。心当たりがある方は、ことあるごとにチェックするようにしましょう。

「両忘」という視点を持つことで、「二者択一」で考えない

私は「禅」が好きで、禅語の中でも「両忘《りょうぼう》」という言葉がとくに気に入っています。この「両忘」という禅語に限ったことではありませんが、言葉を学ぶのは成長するための有力な手段の1つです。

人間は言語を獲得することによって、いろいろと再現が可能になり、その検索も可能になったからです。だからこそ、言葉を知ることによって、自分や周囲の状態を知ったり検証したりできるようになります。

そんな意味もふまえ、ここでは「両忘」という言葉を紹介したいと思います。

「両忘」は、漢字を見てわかる通り「両方を忘れる」という意味です。

ここで言う「両方」とは、「対立する2つの要素」になります。つまり「両忘」は「二元対立から離れる」といったことを意味しています。

本来はかなり深い意味を持つ言葉ですが、私なりに現実に落とし込みながらわかりやすく考えてみたいと思います。

たとえば「転職」をテーマにしましょう。

「ほかの会社に転職する」か「今の会社に居続ける」か、必ずどっちか選ばないといけない……というのが両極端な考え方です。

どちらかで迷っている場合、その前提にあるのは、決定打がなくてどちらも選べないという状態です。

こうしたケースでは、もし「A」か「B」ですごく迷ってしまい、最終的に「B」を選ぼうと決めたのなら、「B」は選ばずに「´B」を選ぶべきだと思います。

2つの選択肢でかなり迷う状況は、どちらも一長一短ということです。そんな選択肢から一方を選ぶのではなく、どちらかを改善することでよりよい選択肢にすべきだと思うからです。

つまり、「転職するか」「転職しないか」ではなく、その中間となるような選択肢も考えてみるということが重要です。

実際、今の会社に残ったままでも「部署を異動する」「副業を始める」「社内サークルに入る」「ボランティアで試してみる」「外部のコミュニティに属してみる」といったいろいろな選択肢があるわけです。

そうした「第3の選択肢」を考えず、両極端の答えでひたすら悩んでいる状態というのは、実は思考停止しているとも言えます。

両極端の考えというものを究極的に突き詰めたケースに、「生きる」か「死ぬ」か、があります。

でも、その間を考えるのが人類の知恵の役割のはずです。

もしもすごく悩んでいるなら、「自分は思考停止しているかもしれない」と一度俯瞰して考えてください。

そこに気づけると、中間的で現実的なベストな選択肢が思いつくかもしれません。

どちらを選ぶかで悩んでしまったときは、「両忘」という言葉を思い出し、どちらでもない選択肢を考えてみるクセをつけましょう。

感情の奴隷にならないためには、「それをやる意味」を知ることが必要

ここでは、「意味」についてお話しします。

と言っても、わかりにくいかと思いますので、最初に結論をお伝えしたいと思います。「感情の奴隷にならないためには、それをやる意味を知ることが必要」という話です。

以前に、ゲストが大きな影響を受けた本を軸にしながら、ゲスト自身を深掘りするという内容の動画コンテンツに出演しました。

そこで私が挙げた本は『夜と霧』です。

執筆したのはアウシュヴィッツ強制収容所に収容された精神科医。人はどれだけ絶望的な環境でも、愛する人を思えば希望の光を灯すことができるといった内容です。

私は高校生のときに『夜と霧』を読んだのですが、とても衝撃を受けた記憶があります。

「意味とは自分の外側にあるのではなく、自分の内側にあるものなのか」などと考え

たのを今でも鮮明に覚えています。

この本を読むと「生きる意味」を考えざるをえないのですが、同時にふと思ったのが、そもそもどうして「意味」が必要なのかということです。

たとえば、「働く意味」は「生きていくため」だったり「自己実現のため」だったり、いろいろあると思います。

では、「その意味自体はなぜ必要なのか」、と考えたことはあまりないのではないでしょうか。

パッと思いつくのは、「モチベーションが上がるから」とか「希望が見えるから」などだと思います。

どれも1つの正解だとは思いますが、私自身、これまでの経験を振り返ると、「意味を知ることが必要なのは、人が感情の奴隷にならないため」と気づきました。

まず、前提として人間は感情の生き物です。

どれだけ論理的な人でも感情のない人はいませんし、みんなが慕っているような魅力がある人ほど感情的だったりします。

したがって、感情を否定することはできませんし、否定する必要もありません。

でも、感情というのは危険な要素でもあります。誤った行動をとるトリガーになりえるからです。酔っ払って感情的になり、物を壊したり人を殴ったりしてしまった事件はまったく珍しくありません。

人間は感情の生き物だからこそ、感情の奴隷にはならないように気をつけなければいけないのです。

そのために必要なものの筆頭が「意味」だと思います。

たとえどんなに困難な仕事でも、「夢のために絶対に必要」と思えれば踏ん張れます。

どれだけ逃げたくても、「家族や子どもを食べさせないと」と思えれば踏ん張りが効くはずです。

瞬間的に「嫌だ！　逃げたい！」という感情が生まれたとしても、それだけにとらわれず抵抗する際に「意味」が活躍するのです。

実は『夜と霧』の中にも、人間の尊厳を奪われた絶望的な環境でも「生きる意味」を持っている人は希望を持ち続けられたという話が出てきます。

同じような内容を意味する印象的な表現もありました。

自分が「なぜ」存在するかを知っているので、ほとんどあらゆる「どのように」にも耐えられるのだ。

『夜と霧 新版』（みすず書房）

反対に、「生きる意味」を失った人は踏ん張れずに亡くなっていったそうです。

あなたは「生きる意味」「働く意味」「それをやる意味」を設定し意識できていますでしょうか。

おわりに

猫という自由の象徴

本書の「はじめに」に次のように書きました。

世界において価値のあるものは2種類存在すると、私は考えています。
まず1つは、資本主義に「のりやすくて」、価値のあるもの。
もう1つは、資本主義に「のりづらくて」、価値のあるもの。

後者の【資本主義に「のりづらくて」、価値のあるもの】の象徴と言えるのが「猫と公園」だと思っています。

さて、猫？　公園？　どういうことだろうと思うでしょう。

まずは、猫についてです。

私が昔から感じていることは「猫とは、自由の象徴」ということです。正確に言うと、「人間が憧れる形」での自由の象徴という意味になります。

私たちのそばにいる猫という存在は、わがままでときに甘えん坊で人懐っこくすり寄ってきます、しかし、あるときは急にプイッと冷たくなり、フラッとどこかへ行ってしまったりもします。

いつだって、自由なように見えるのです。

ただその猫も、結局、人間に飼われている、という意味では実は資本主義のレールに乗っています。これは私たちがまさに憧れる「ギリギリの自由」という概念に近いのではないでしょうか。

言わずもがな、私たちはおそろしく便利な世界に生きています。温かい部屋に、安くて美味しいお店、ポチッと押せばすぐ届く商品……など。

資本主義社会の恩恵を味わいながらも、「自由でひょうひょうとしていたい」。これは、一生懸命働く人であればあるほど憧れる「ギリギリの自由」の象徴、ということだと思います。

さらに、猫という存在は「役に立たないが、価値のあるもの」の象徴としても存在していると思います。

もちろん、ここでいう「役に立たない」とは、たとえば、家事をしてくれたり、移動を助けてくれたり、仕事をサポートしてくれたり、といった目に見える形で生活の質を向上させてくれる「もの」という意味で使っています。

それと、価値があるか？　は別の話です。

猫好きの人にとっては、猫のいる生活は幸せや癒し、安心を生み出します。その意味で「幸福」や「人生の豊かさ」には明らかに影響を与えてくれています。当然、猫は価値のあるもの、となります。

猫好きな人からすると、猫がいない世界とは、幸せがない世界＝空虚、という意味にさえなるかもしれません。

経済合理性からみた「公園」

もう一つ、「公園」の存在についてです。

前提として、私は公園がめちゃくちゃ好きです。若い頃から公園で遊び、公園で青春の時間を過ごしてきましたし、今でもほぼ毎週どこかの公園を訪れます。

そして、公園というのは、どの都市にもあります。正確には、「先進国にはある」ということかもしれませんが、ビルに囲まれた都市部にも必ず公園があります。

しかし、これは資本主義における「経済合理性」だけを考えたら、疑問が浮かぶ話ではないでしょうか。なぜなら、公園を極力作らず、その場所に何か建物やビルなどを立てて商売やビジネスを行ったほうが、間違いなく経済は動くからです。

ほとんどの公園はお金にしづらいのは間違いありません。

その一方で、その地域に住む人や、働く人にとって憩いの場になり、遊びの場になります。景観、環境もよくなります。防災性も上がります。生物の多様性も確保できます。

その意味で、公園という存在は、資本主義には乗りづらいが人々を幸福にしている（人々にとって価値がある）、と私は思うのです。

さて、ここまでの「猫と公園」の話で何が言いたいのかというと、「猫」と「公園」は、資本主義における「ぎりぎりの自由」の象徴なのかもしれない、ということです。

資本主義に併設すること

私も読者の皆さんもお金を稼いでいる限り、ビジネスの世界を生き続けることになります。そして、誰しもが確実に何かを生み出しています。

世には、いわゆる「クリエイター」と称される職業の方はたくさん存在していますが、私は、エンタメ業界や芸術や美術関連の方たちだけを指すのではなく、仕事で企画やアイデアなど「何か」を形にしている人は、誰しもが「クリエイター」だと思っています。

私もクリエイターですし、読者の皆さんのほとんどもクリエイターということです。

「社会に役立つ新しいアイデアを思いついた！」

「好きな○○を世の中の多くの人に知ってもらいたい！」

「このサービスなら多くの人の生活を楽にできる！」

というように、これからのビジネス、社会の「クリエイター」である皆さんが、多くの人々の心豊かにする何かを世に出したいと思ったとき、意識していただきたいことが、ここまでの「猫と公園」の話になります。

「猫」「公園」は、ここまでの説明の通り、アナロジーで「資本主義社会に乗りすぎず、人々の心を確実に豊かにするもの」を指します。

言うならば、「資本主義に併設する感覚」を持ち続けてほしいと、私は思います。

あなたにとって、誰かの心を豊かにするために、何かやりたいこと、成し遂げたいこと、形にしたいことがあるなら、絶対に「資本主義」から離れていけません。

そして思うのは、成果を残して生き生きと自分らしく働いている経営者やビジネスパーソンほど、この「猫と公園」の感覚を持っているように思います。

これは実は昔からそうでした。たとえば、お坊さんが修行する寺は、常に「街から遠すぎず、しかし、近すぎない場所」に立てられた、といいます。まさに究極的なゴール、悟りや無欲を目指す修行僧すら、この「併設する感覚」を持っていたわけです。


……こんなようなことを、とある日曜の昼に公園で考えていました。

未来へ進んでいく読者の皆様に、本書の最後のメッセージとして伝えたく思います。

最後まで読んでいただきありがとうございました。

2023年2月　北野唯我

北野唯我《きたの・ゆいが》

1987年、兵庫県生まれ。神戸大学経営学部卒。新卒で博報堂へ入社し、経営企画局・経理財務局で中期経営計画の策定、MA、組織改編、子会社の統廃合業務を担当。その後、ボストンコンサルティンググループに転職し、2016年、ワンキャリアに参画。現在、取締役として、全社戦略、事業開発、広報PR領域を担当。2021年10月、東京証券取引所マザーズ市場に上場。また、各メディアに「職業人生の設計」「組織戦略」の専門家としてコメントを寄せる。「すべてのプロセスにいる、いま挑戦しようとしている人に捧げる本」をモットーに、作家としても活動。著書に『転職の思考法』（ダイヤモンド社）、『天才を殺す凡人』（日本経済新聞出版社）、『分断を生むエジソン』（講談社）、『仕事の教科書』（日本図書センター）などがある。2020年より、事前審査型オンラインコミュニティ「SHOWS」を主宰。本書が初の新書となる。

ポプラ新書
238

これから市場価値が上がる人
2023年3月6日　第1刷発行

著者
北野唯我

発行者
千葉 均

編集
村上峻亮

発行所
株式会社 ポプラ社
〒102-8519 東京都千代田区麹町4-2-6
一般書ホームページ www.webasta.jp

ブックデザイン
鈴木成一デザイン室

印刷・製本
図書印刷株式会社

N.D.C.159/222P/18cm　ISBN978-4-591-17741-9

P8201238

生きるとは共に未来を語ること　共に希望を語ること

昭和二十二年、ポプラ社は、戦後の荒廃した東京の焼け跡を目のあたりにし、次の世代の日本を創るべき子どもたちが、ポプラ（白楊）の樹のように、まっすぐにすくすくと成長することを願って、児童図書専門出版社として創業いたしました。

創業以来、すでに六十六年の歳月が経ち、何人たりとも予測できない不透明な世界が出現してしまいました。

この未曾有の混迷と閉塞感におおいつくされた日本の現状を鑑みるにつけ、私どもは出版人としていかなる国家像、いかなる日本人像、そしてグローバル化しボーダレス化した世界的状況の裡で、いかなる人類像を創造しなければならないかという、大命題に応えるべく、強靭な志をもち、共に未来を語り共に希望を語りあえる状況を創ることこそ、私どもに課せられた最大の使命だと考えます。

ポプラ社は創業の原点にもどり、人々がすこやかにすくすくと、生きる喜びを感じられる世界を実現させることに希いと祈りをこめて、ここにポプラ新書を創刊するものです。

未来への挑戦！

平成二十五年　九月吉日　　株式会社ポプラ社